범죄현장의 진실을 밝히는

KCSI
과학수사관

범죄현장의 진실을 밝히는

KCSI 과학수사관

문용수 지음

Confidential

"
모든 접촉은 흔적을 남긴다
"

- 법과학의 창시자 에드몽 로카르, Edmond Locard -

> 연지구지 研之究之
> '어떤 사물을 과학적으로 분석하고 관찰한다'는
> 뜻으로, 어떤 일에 대해 깊이 생각하고
> 사리를 따져보는 것은 범죄 현장에 접근하는
> 과학수사관의 기본자세다.

범죄현장의 진실을 밝히는
KCSI **과학수사관**

C·O·N·T·E·N·T·S

CSI

C·O·N·T·E·N·T·S

PROPOSE

이 사진은 화재 현장에서 동료가 찍어준 사진입니다. 얼굴은 엉망이지만, 힘든 현장에서 증거를 찾은 듯한 뿌듯한 미소가 느껴지지 않나요?

청소년 여러분 안녕하세요! 경기남부경찰청 과학수사대 광역과학수사팀 문용수입니다. 저는 경찰공무원 공개경쟁 채용시험을 통해 경찰이 되었고, 경기 안산경찰서 반월파출소에서 첫 근무를 시작했습니다. 이후 모든 경찰서 형사과에 감식반이 신설된다는 소식을 듣고 지원하여, 과학수사에 대한 지식이 전무했던 제가 감식반에서 근무하게 되었습니다.

제가 처음 과학수사를 시작했던 1990년대는 과학수사 전문교육조차 없었습니다. 당시 감식반은 매일 시신을 확인하는 힘든 부서로 여겨져 대부분의 경찰관들이 근무를 꺼렸습니다. 하지만 2000년대 초반부터 과학수사의 중요성이 부각되면서 경찰청의 지속적인 인력 및 예산 투자가 이루어졌고, 그 결과 현재 대한민국 과학수사는 세계적인 수준으로 발전했습니다.

이제는 과학수사 전공자가 아니면 과학수사 부서에 배치될 수 없을 만큼, 과학수사대는 경찰 내에서 가장 인기 있는 부서입니다. 저는 과학수사관으로 근무하며 과학수사의 눈부신 성장을 직접 경험했고, 근무할수록 이 직업의 매력을 더욱 느끼기에, 과학수사관으로 살아온 시간을 후회한 적이 없습니다.

과학수사관뿐 아니라 다른 어떤 직업이든, 깊은 관심과 인내심을 가지고 자세히 들여다보면 여러분의 인생에서 소중한 기회를 발견하고 만들어 낼 수 있습니다. 어떤 질문을 품고 대상을 주의 깊게 관찰하면 그 답을 찾아낼 가능성이 큽니다. 저는 과학수사관으로서 이러한 신념을 가슴에 새기고 모든 일에 최선을 다하며, 제 삶에서 마주하는 질문들에 대한 답을 찾아 끊임없이 나아가고 있습니다.

이 책을 통해 여러분이 과학수사관이라는 직업을 구체적으로 상상해 보기를 바라며, 직업을 선택했다면 분명한 목표를 세우고 꾸준히 노력하여 머지않은 미래에 꿈을 이루시기를 진심으로 응원합니다.

첫인사

편 토크쇼 편집자

문 과학수사관 문용수

편 문용수 선생님, 안녕하세요! 사회를 떠들썩하게 했던 사건들을 직접 수사하신 분을 뵙게 되니, 저도 모르게 떨리고 긴장됩니다. 아마 이 책을 읽는 학생들 역시 저처럼 선생님의 이야기를 매우 궁금해하며 기다리고 있을 거로 생각해요.

문 저도 이런 인터뷰는 처음이라 조금은 긴장되지만, 제가 경험한 과학수사 이야기를 청소년 여러분에게 직접 전해줄 수 있다는 생각에 사실 기대가 훨씬 더 크답니다.

편 청소년들에게 과학수사관이라는 직업을 프러포즈하는 이유가 있나요?

문 사건 관련 뉴스와 영화, 과학수사 드라마를 통해 과학수사관의 활동은 어느 정도 알려졌지만, 인터뷰를 준비하며 인터넷에서 관련 정보를 찾아보니 정작 과학수사관이 되기 위한 구체적인 정보는 부족하더라고요. 그래서 이 책을 통해 청소년들이 과학수사관을 정확히 이해하고 체계적으로 준비할 수 있도록, 제가 직접 겪은 생생한 경험을 바탕으로 진솔한 이야기를 풀어내고자 합니다.

편 늘 궁금한 점이 있습니다. 사람의 목숨을 앗아가는 사건들이 끊이지 않는 이유는 무엇일까요? 과연 이러한 비극이 완전히 사라지는 세상이 올 수 있을까요?

문 타인의 생명을 앗아가는 사건은 금전, 원한, 애정, 그리고 정신 질환에 의한 이상 동기 범죄로 크게 나눌 수 있어요. 금전이 원인인 경우, 타인의 돈을 강제로 빼앗는 과정에서 살인이 발생해요. 원한은 계획적이거나 우발적인 살인으로 이어질 수 있으며, 애정 문제는 사랑하는 사람을 살해하는 비극으로 이어지기도 하죠. 정신 질환으로 인한 이상 동기 범죄(일명 묻지마 살인)는 망상이나 피해 의식이 타인에게 해를 끼치는 행위로 나타나는 경우예요. 이처럼 타인의 생명을 앗아가는 범죄의 원인은 매우 다양해요. 하지만 국가가 이러한 범죄의 발생 원인을 완전히 차단하는 데에는 한계가 있어요. 과거 범죄 예방을 목적으로 야간 통행금지나 심야 영업 금지 등의 규제가 시행되었지만, 이는 범죄 예방에는 효과적일 수 있어도 국민의 자유와 권리를 침해하는 측면이 있죠. 따라서 효과적인 범죄 예방 대책을 마련하는 것은 매우 어려운 과제예요.

톰 크루즈 주연의 영화 〈마이너리티 리포트〉는 정부가 살인을 사전에 예측하여 실행 전의 예비 범죄자를 체포하는 내용의 영화예요. 아직 범죄가 발생하지 않았음에도 예비적으로 체포하는 것은 개인의 자유와 권리를 침해할 소지가 있죠. 이 영화에서처럼 범죄 예방을 위한 과도한 규제는 양날의 검과

▲ 〈마이너리티 리포트〉 포스터

같아서 긍정적인 효과와 더불어 심각한 자유 침해를 초래할 수 있어요. 제가 생각하는 범죄 예방 규제는 국민의 눈높이 맞춰 우범 지역별 특성을 고려한 섬세하고 선택적인 접근 방식을 취하는 거예요. 즉, 필요한 경우 신속하게 규제를 시행하되, 범죄 발생 원인이 해소되는 즉시 규제를 해제하는 방법은 어떨까요? 범죄에 신속히 대응하는 동시에 국민의 자유와 권리를 최대한 보장하는 정책 방향이죠.

사회 문화가 발전하면서 살인의 원인은 더욱 다양해질 수 있지만, CCTV 설치 확대와 범죄 대응 시스템의 발전으로 강력 범죄 발생 건수는 꾸준히 감소하는 추세예요. 그러나 보이스피싱이나 몸캠피싱과 같은 새로운 유형의 범죄가 등장할 가능성도 있어요. 이러한 범죄의 피해자는 수치심 때문에 주변에 알리지 못하고 고립된 채 고통받다가 극단적인 선택을 하는 경우도 발생하죠. 안타까운 선택이 증가할 경우, 심각한 사회 문제로 이어질 수 있어요.

편 선생님의 첫인상은 매우 쾌활하고 진솔하신 것 같아요. 솔직히 진지한 분일 거로 생각했는데, 밝고 화사한 분위기에 놀랐습니다. 과학수사관은 왠지 어둡다는 선입견이 있었는데, 제 고정관념이었을까요?

문 직업에 대한 선입견은 누구에게나 있을 수 있죠. 저 역시 편집장님을 만나기 전에는 책이 만들어지는 과정을 전혀 몰랐기에 이 책을 끝까지 완성할 수 있을지 걱정이 많았어요. 하지만 인터뷰를 진행하면서 그동안 많은 사람을 만나 온 편집장님의 경험과 노련함을 느낄 수 있었고, 덕분에 저 또한 편안하게 인터뷰에 임할 수 있었어요. 과학수사관이 다루는 사건들은 대부분 아픔과 분노를 담고 있어요. 업무 중의 심리 상태를 일상까지 가져온다면, 오래 근무하기 힘들 거예요. 그래서 저는 퇴근 후에는 가급적 사건 현장의 기억을 떠올리지 않으려고 노력해요. 오랜 경험을 통해 얻은 저만의 방법이에요. 그래야 정신 건강을 유지할 수 있거든요.

편 선생님, 사건을 조사하여 반드시 범인을 밝혀내야 하는 이유는 무엇일까요? 이 책을 읽는 학생들이 함께 이 질문에 대해 고민해 보면 좋겠어요.

문 우리나라보다 치안 여건이 열악한 동남아, 아프리카, 중남미 국가들의 경우 범인 검거율이 낮아 동일한 범죄가 반복되는 악순환이 발생해요. 여러 범죄 예방 방법 중에서도 이미 발생한 사건의 범인을 검거하는 것이 가장 효과적인 예방책이라고 할 수 있어요. 또한, 범인 검거는 범죄 피해자와 유가족의 정신적 고통을 완전히 해소할 수는 없지만, 최소한의 위로와 회복의 계기를 제공한다고 생각해요. 제가 제시한 이유 외에도 범인을 밝혀내야 하는 이유는 더 많을 거예요. 청소년 여러분도 함께 고민하고 생각해 보면 좋겠어요.

편 저는 여러 직업인을 인터뷰하면서 항상 진지하게 물어보는 질문이 있어요. 선생님은 '진정한 직업인'이란 어떤 사람이라고 생각하나요?

문 저는 '잡프로포즈 시리즈'에 소개된 직업인들을 모두 전문직이라고 생각해요. '전문직'이라는 용어 자체가 전문성을 요구하는 직업을 의미하듯, 전문가는 단기간에 만들어지지 않아요. 전문성을 갖추기 위해서는 전문적인 교육을 받거나 관련 자격증을 취득하는 과정이 필요하며, 이를 통해 해당 분야의 숙련된 기술과 지식을 축적해야 비로소 전문가라고 불릴 수 있죠. 하지만 대학에서 화학을 전공하고 그 지식을 활용하여 불법 마약을 제조하는 '마약왕'의 경우를 생각해 보면, 전문성만으로는 진정한 직업인이라고 할 수 없다는 것을 알 수 있죠. 진정한 직업인은 전문적인 능력과 더불어 사회적 책임을 다하는 직업윤리를 갖추어야 해요. 따라서 저는 전문성과 직업윤리, 이 두 가지를 균형 있게 갖추고 끊임없이 노력하는 사람을 진정한 직업인이라고 정의하고 싶어요.

편 우리 사회가 더 건강하고 행복해지려면 사람들이 어떤 노력을 해야 할까요?

문 이 질문은 너무 방대해서 잠시 더 생각해 봐야겠네요. 개인의 건강과 행복을 넘어 우리 사회 전체가 건강하고 행복해지기 위해서는 무엇보다 사회 구성원 간의 이해와 배려가 중요하다고 생각해요. 물론 법률, 제도, 정치 등 사회 시스템을 통해 기본적인 틀을 구축할 수 있지만, 개인의 인식과 태도 변화는 더 많은 시간과 노력이 필요할 거로 생각해요. 하지만 한국은 이미 문화적으로 성숙한 사회예요. 버스에 가방을 놓고 내려도 유실물센터로 무사히 전달되고, 길을 잃은 지갑도 주인에게 돌아가는 일이 흔하죠. 우리나라는 고도로 발전된 사회일 뿐만 아니라, 대다수 국민이 성숙한 시민의식을 갖추고 있어 건강하고 행복한 사회를 만들어 가고 있어요. 이러한 시민의식 덕분에 한국은 세계적으로 치안이 매우 안전한 나라로 평가받고 있고요. 여러분은 대한민국 국민이라는 사실만으로도 세계 무대에서 자부심을 느낄 만큼 치안 선진국의 일원이에요.

편 말씀 감사합니다. 과학수사를 통해 사건의 진실을 밝혀내는 중요한 직업, 과학수사관의 세계로 함께 떠나 보겠습니다.

과학수사관
문용수의
두 가지
사건 소개

1. 경기 서남부 연쇄살인 사건 (강호순 사건)

● 사건 개요

2006년부터 2008년까지 경기 서남부 지역에서 여성들이 연이어 실종되는 사건이 발생했습니다. 이에 경찰은 실종 사건이 잇따르자, 유사점을 분석하여 연쇄 실종 사건임을 확신하고, 2007년 1월 경기남부경찰청에 수사본부를 설치하며 대대적인 수사에 착수했습니다.

● 수사 과정

수사본부는 초기에 대규모 인력과 헬기를 동원하여 실종 지역을 샅샅이 수색했지만, 실종자를 찾지 못했습니다. 이후 추가 실종 사건이 발생하자, 더 이상의 피해를 막기 위해 비공개 수사에서 공개수사로 전환했습니다. 방송과 언론을 통해 실종 사건을 널리 알리고, 50만 부가 넘는 수배 전단을 배포하는 등 적극적인 홍보 활동을 펼쳤습니다.

수사팀은 실종자의 동선과 시간을 분석하여 납치범이 이동했을 가능성이 있는 모든 도로의 CCTV에 찍힌 100만 대 이상의 차량 번호를 일일이 확인하는 방대한 작업을 진행했습니다. 1년이 넘는 기간 동안 수색과 함께 방대한 양의 자료를 분

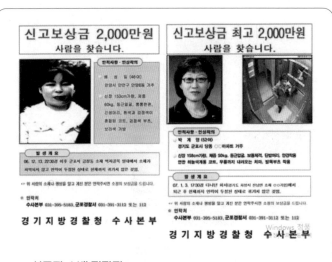

▲ 실종자 수배 전단지

석했지만, 용의자를 특정하지 못해 수사는 미궁에 빠지는 듯
했습니다. 그런데 2008년 12월 19일, 또 다른 실종 사건이 발
생했고, 피해자의 신용카드에서 현금이 인출된 사실이 확인되
었습니다. 수사팀과 과학수사팀은 현금인출기 CCTV를 정밀
분석했지만, 용의자를 특정할 만한 결정적인 증거를 찾지 못
했습니다. CCTV 영상 분석 결과, 용의자가 가발과 마스크를
착용하고 범행에 이용한 사실이 드러나면서, 그동안 발생한
모든 실종 사건이 단순 실종이나 가출이 아닌 납치 사건임이

◀ 현금인출기에 찍힌 용의자
(가발과 마스크 착용)

◀ CCTV에 촬영된
에쿠스 차량

▼ 무쏘 차량 화재

▲ 에쿠스 차량 화재

명확해졌습니다. 수사팀은 용의자를 찾기 위해 수사력을 집중했습니다.

수사본부는 현금인출기 주변을 지나간 차들의 번호를 추적하여 차주들을 대상으로 조사를 시작했습니다. 그중 특별한 용의점이 발견되지 않은 한 여성의 에쿠스 차량이 수사 대상에 올랐습니다. 수사관은 여성과 간단한 통화 후 해당 차량을 수사 대상에서 제외하려 했지만, 여성이 아들이 차를 사용한다고 밝혀 아들을 만나게 되었습니다. 마지막 실종 사건 당시 아들의 행적을 확인하기 위해 알리바이를 물었지만, 아들은 기억나지 않는다고 답변하여 일단 귀가 조처했습니다.

그런데 다음 날, 에쿠스 차량과 아들이 소유한 무쏘 차량이 같은 장소에서 방화로 추정되는 화재가 발생했습니다. 이 사건을 통해 처음으로 에쿠스 차량 소유주의 아들이자 무쏘 차량의 소유주인 '강호순'이라는 이름이 수사 기록에 등장하게 되었습니다.

수사본부는 강호순이 수사망이 좁혀오자, 증거를 인멸하기 위해 자신의 차량을 방화한 것으로 판단하고 압수수색 영장을 발부받아 그의 집을 압수수색 했고, 컴퓨터까지 포맷된 사실을 확인하고 긴급 체포했습니다. 강호순은 초기 조사에서 범행 사실을 완강히 부인했으나, 모순된 행적에 대한 집중적인 조사 끝에 모든 범행을 자백하여 결국 검거되었습니다. 강호순이 범행을 자백했지만, 검찰에 송치하기 전에 모든 피해자의 시신을 찾고 범죄 증거를 확보해야 하는 과제가 남아 있었습니다. 형사소송법상 피고인의 자백만으로는 유죄를 인정할 수 없기 때문입니다. 자백 외에 범죄 사실을 뒷받침할 만한 추가적인 증거가 필요합니다. 이는 수사 기관이 피의자를 협박하거나 고문하여 허위 자백을 받아낼 가능성을 우려하여 마련된 제도입니다. 만약 자백 외에 다른 증거가 없다면 법원은 무죄로 판단할 수밖에 없습니다.

● **과학수사의 역할**

강호순의 자백에도 불구하고, 시신이 발견되지 않은 피해자들이 남아 있어 과학수사의 중요성이 더욱 커졌습니다. 살인 혐의를 입증하고 피해자들의 유해를 찾기 위해서는 강호순이 암매장한 장소에 대한 정확한 진술이 절실했습니다. 이에 베테랑 수사관과 프로파일러들이 집중적으로 투입되어 강호순의 진술을 면밀히 분석하고 암매장 장소를 추적했습니다. 과학수사팀은 이들의 분석 결과를 토대로 광범위한 지역을 대상으로 끈질긴 수색 작업을 벌였습니다. 하지만 강호순이 정확한 주소 대신 대략적인 지역과 국도변이라는 모호한 정보만

피해자를 찾는
과학수사관 문용수 (좌)

범죄현장의 진실을 밝히는
KCSI **과학수사관**

제공하여, 과학수사팀은 광범위한 지역을 샅샅이 뒤져야 했습니다.

한겨울 영하의 날씨 속에서 얼어붙은 땅을 파내는 고된 작업과 함께, 강호순 사건에 대한 언론의 높은 관심 속에서 발굴 현장은 취재 경쟁이 치열했습니다. 특히, 저공비행하는 헬기에서 불어오는 강풍은 매서운 추위를 더해 수사관들을 더욱 힘들게 했습니다. 과학수사관들은 밤낮없이 일주일 가까이 현장을 지키며 시신 발굴 작업을 이어갔습니다. 경기남부경찰청은 강도순의 범행 현장에서 실종된 일곱 명 중 여섯 명의 시신과 결정적인 증거들을 발견하고, 그의 차량에서 피해자의 DNA를 확보함으로써 강호순을 검찰에 송치했습니다.

이후 강호순은 1심에서 사형을 선고받고 항소했지만, 항소심에서도 사형이 확정되었습니다. 그는 상고를 포기하여 사형 판결이 최종 확정되었지만, 아직 사형 집행은 이루어지지 않고 있습니다. 현재 교도소에 수감 중인 강호순은 사형수임에도 반성하는 모습을 전혀 보이지 않고 있으며, 다른 재소자들을 부당하게 부리며 마치 왕처럼 교도소 생활을 하고 있다고 알려져 있습니다.

저는 이 사건의 수사에 참여했던 과학수사관으로서, 경기 남부 지역에서 발생한 납치 · 강간 · 살인 사건의 피해자 중 한 명의 시신을 찾지 못한 것이 가장 큰 아쉬움으로 남습니다. 특히, 이미 개발된 지역에 매장되어 시신을 수습하지 못한 점은 피해자와 유족들에게 씻을 수 없는 상처를 드린 것 같아 가슴이 아픕니다. 강호순 사건은 한 명의 수사관이 아닌, 수사본부 소속 모든 경찰관의 긴밀한 협력과 노력으로 해결될 수 있었습니다.

2.화성 연쇄살인 사건 (이춘재 사건)

● 사건 개요

　1986년 9월부터 1991년 4월까지 경기도 화성군 일대에서 약 5년간 열 차례에 걸쳐 발생한 연쇄살인 사건은 당시 '화성 연쇄살인 사건'으로 불리며 대한민국을 공포에 떨게 했습니다. 이 사건은 1991년 대구 '개구리 소년 실종 사건'과 '이형호 군 유괴 살인 사건'과 함께 3대 미제 사건으로 꼽혔지만, 범인이 이춘재로 밝혀지면서 현재는 후자 두 사건이 미제로 남아 있습니다. 저는 고등학교 시절 수원에 살았기 때문에 화성 연쇄살인 사건이 발생하던 당시, 벽보나 전봇대에 붙은 용의자 몽타주를 흔하게 볼 수 있었습니다.

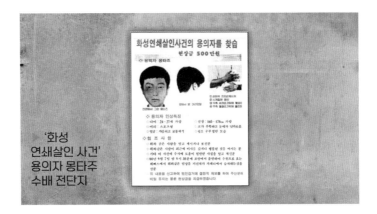

'화성
연쇄살인 사건'
용의자 몽타주
수배 전단지

▲ 5차 살인 사건이 발생한 논

    수원에서 화성은 불과 십여 킬로미터 거리에 불과했지만, 수원 시민들에게 화성은 공포의 대상이었습니다. 1차 살인 사건은 1986년 9월 15일 오전 6시 20분경, 화성군 태안읍으로 귀가하던 71세 여성이 납치되어 인근 풀밭에서 살해된 채 발견되었습니다. 2차 살인 사건은 같은 해 10월 20일 밤 10시경, 화성군 태안읍 진안리로 귀가하던 26세 여성이 맞선 후 납치되어 인근 농수로에서 살해된 채 발견되었습니다. 3차 살인 사건은 1986년 12월 12일 밤 11시경, 화성군 태안읍 안녕리 자택 앞에서 25세 여성이 살해된 채 발견되었습니다. 4차 살인 사건은 이틀 뒤인 12월 14일 밤 11시경, 화성군 정남면 관향리로 귀가하던 22세 여성이 납치되어 논둑에서 살해된 채 발견되었습니다. 5차 살인 사건은 이듬해인 1987년 1월 10일 저녁 8시 50분경, 화성군 태안읍 횡계리로 귀가하던 18세 여성이 납치되어 논에서 살해된 채 발견되었습니다.

6차 살인 사건은 1987년 5월 2일 밤 11시경, 화성군 태안읍 진안리에서 남편을 마중 나가던 29세 여성이 우산을 들고 길을 가다 납치되어 인근 야산에서 살해된 채 발견되었습니다. 7차 살인 사건은 1988년 9월 7일 저녁 9시 30분경, 화성군 팔탄면 가재3리로 귀가하던 54세 여성이 납치되어 인근 농수로에서 살해된 채 발견되었습니다. 8차 살인 사건은 1989년 9월 16일 새벽 2시경, 화성군 태안읍 진안1리 자택에서 잠을 자던 13세 여성이 살해된 채 발견되었습니다.

9차 살인 사건은 1990년 11월 15일 저녁 6시 30분경, 화성군 태안읍 병점리로 귀가하던 14세 여성이 납치되어 인근 야산에서 살해된 채 발견되었습니다. 10차 살인 사건은 1991년 4월 3일 밤 9시경, 화성군 통탄면 반송리로 귀가하던 69세 여성이 납치되어 살해된 채 발견되었습니다. 이 사건은 영화 〈살인의 추억〉과 〈그것이 알고 싶다〉 등을 통해 세상에 널리 알려

▲ 8차 살인 사건이 발생한 희생자의 집

▶ 〈그것이 알고 싶다〉 (화성 연쇄살인 사건)
▼ 〈살인의 추억〉 영화 포스터
출처: 나무위키

지며 대한민국 최장기 미제 사건으로 기록되었습니다. 범인은 누구이며, 지금도 살아 있을까 하는 의문은 오랫동안 사람들의 궁금증을 자아냈습니다.

1995년 경찰공무원이 된 후, 화성 연쇄살인 사건의 공소시효 만료가 임박하자 방송을 통해 사건이 재조명되면서 저 또한 수원에 살던 시민으로서 범인을 궁금해했습니다. 1997년부터 과학수사팀에서 근무했고, 2018년 화성권역 광역과학수사팀장으로 발령받아 팀원들과 함께 30년 넘게 보관된 증거물을 재감식하기 시작했습니다. 마침내 2019년, 33년간 미제로 남았던 이 사건의 용의자 이춘재를 유전자 분석을 통해 특정할 수 있었습니다.

화성권역 과학수사팀이 재감식을 통해 화성 연쇄살인 사건의 용의자를 특정하자마자 수사본부가 꾸려지면서 수사는 급물살을 탔습니다. 범죄분석팀의 프로파일러와 수사관들이 교도소에 수감 중인 이춘재와의 면담을 통해 자백을 받아냈고, 이로써 대한민국 최장기 미제 사건의 전모가 드러났습니다. 이 사건은 제가 팀장으로 있던 화성권역 과학수사팀이 최초로 범인을 특정하는 성과를 이루었고, 이후 수사본부 소속 모든 경찰관의 긴밀한 협력과 노력으로 사건을 해결할 수 있었습니다.

화성 연쇄살인 용의자 이춘재 범행 일지

고등학교 졸업사진

이춘재 (56)
본적지 화성군 태안읍 진안리
(현재 화성시 진안동)

※ 현 지도에 사건 당시 주소를 바탕으로 표시. 사건 위치와 시설 및 도로가 사건 당시와 차이가 있을 수 있음

이춘재 자백 살인사건 총 14건

이춘재와 DNA 일치 여부

연도		날짜	내용	일치 여부
1986년	❶	9월15일	화성시 태안읍 안녕리 목초지, 이모(71)씨 피살	분석 예정
	❷	10월 20일	태안읍 진안리 농수로, 박모(25)씨 피살	분석 예정
	❸	12월 12일	태안읍 안녕리 축대, 권모(24)씨 피살	일치
	❹	12월 14일	정남면 관항리 농수로, 이모(23)씨 피살	일치
1987년	❺	1월 10일	태안읍 황계리 논바닥, 홍모(18)양 피살	일치
	❻	5월 2일	태안읍 진안리 야산, 박모(30)씨 피살	DNA 미검출
1988년	❼	9월 7일	팔탄면 가재리 농수로, 안모(52)씨 피살	일치
	❽	9월 16일	태안읍 진안리 가정집, 박모(13)씨 피살	자신 소행 주장
1990년	❾	11월 15일	태안읍 병점5리 야산, 김모(13)양 피살	일치
1991년	❿	4월 3일	동탄면 반송리 야산, 권모(69)씨 피살	DNA 미검출
1994년		1월	청주시 자택, 처제 강간·살해 후 시신유기	검거 (무기수로 복역 중)

화성 사건 **10건** 인정

1987년	⓫	12월 24일	수원시 화서동 여고생(18) 피살	
1989년	⓬	7월 7일	화성군 태안읍 초등학생 김모(8)양 실종	
1991년		1월 27일	청주시 가경동 택지조성공사 현장 여고생(17) 피살	
1991년		3월 7일	청주시 남주동 가정집 주부(29) 피살	

추가 자백 **4건**

1983년

2019년

▲ 언론에 공개된 이춘재 범행 일지
▶ 이춘재 (고등학생, 교도소 복역)

과학수사의
모든 것

과학수사란 무엇인가요?

편 과학수사란 무엇인가요?

문 과학수사 Forensic Investigation 는 현대적인 시설, 장비, 기자재와 과학적인 지식과 기술을 이용하여 사건의 진실을 밝히는 수사 방법이에요. 여러분은 CSI 관련 드라마에서 범죄 현장이나 부검실, 실험실, 분석실에서 과학적인 방법으로 다양한 증거를 찾는 장면을 본 적이 있을 거예요. 이처럼 과학을 활용하여 수사하는 모든 활동을 과학수사라고 할 수 있어요. 그렇다면 CSI와 과학수사는 어떤 차이가 있을까요? 과학을 이용한 모든 수사를 통틀어 과학수사라고 한다면, CSI는 범죄 현장에서 직접적인 조사를 수행하는 팀, 즉 범죄현장조사팀 Crime Scene Investigation Team 의 약자예요. 한국은 CSI 앞에 Korea의 K를 붙여 KCSI라고 하죠.

▲ 경찰청 KCSI 마크

과학수사관들이 사용하는 복장, 장비 케이스, 과학수사 차량, 소모품 등에는 KCSI 마크가 부착되어 있어요. KCSI 마크는 대한민국 경찰청 과학수사를 국내외에 알리고 홍보하는 데 중요한 역할을 해요.

과학수사는 어떤 다양한 분야와 학문으로 이루어져 있나요?

편 과학수사는 어떤 다양한 분야와 학문으로 이루어져 있나요?

문 현재 경찰청에서 경찰공무원 경력 경쟁 채용에 응시하려면 과학수사학, 법과학, 법의학(법정의학, 법의간호학, 의학, 의과학), 범죄수사학, 범죄심리학, 범죄학, 형사학, 안전공학, 소방방재학, 소방공학, 방재공학, 물리학, 화학(공학), 전기학(공학), 건축학(공학), 토목(공학), 산업공학 등의 전공 중 하나의 학사 또는 석사학위를 소지해야 해요. 즉, 이러한 전공들이 필수 응시 자격 요건인 거죠.

청소년 여러분, 과학수사관을 꿈꾼다면 과학수사학, 법과학 등 다양한 관련 학과가 개설된 대학 및 대학원의 입시 요강을 꼼꼼히 살펴보세요. 자기 적성과 흥미에 맞는 학문을 선택하는 것이 과학수사관의 꿈을 향한 첫걸음입니다. 범죄 수법이 날로 다양해지면서 경찰청에서는 필요에 따라 채용 자격 요건에 새로운 전공을 추가할 수도 있어요. 따라서 매년 발표되는 과학수사관 채용공고를 꾸준히 확인하여 어떤 전공들이 추가되었는지 꼭 살펴보는 것이 좋아요.

과학수사 관련 직업은
무엇이 있을까요?

📄 과학수사 관련 직업은 무엇이 있을까요?

📄 과학수사 관련 직업은 크게 공무원과 민간 전문가가 있고, 공무원은 국가직 공무원과 지방직 공무원으로 나눌 수 있어요. 국가직 공무원으로는 경찰청, 대검찰청, 국방부 소속의 과학수사관이 있으며, 지방자치단체에서도 과학수사팀을 운영하는 경우가 있어요. 예를 들어, 경기도 특별사법경찰은 도내 유해 환경이나 불량 식품 단속 현장에서 증거를 수집하고 촬영하는 등의 과학수사 업무를 수행해요. 모든 과학수사 관련 공무원은 경력 경쟁 채용시험을 통해 선발되고요.

민간 전문가는 일반적으로 감정 전문가, 연구원 등의 다양한 직함으로 활동하며, 법원의 의뢰를 받아 민사 · 형사 사건의 감정 업무를 수행하거나, 개인 또는 단체(보험사, 손해사정사, 언론사 등)로부터 감정 의뢰를 받아 의견을 제시해요. 국내 민간 과학수사 분야는 아직 활성화되지 않아, 대부분의 민간 감정 전문가는 과학수사 관련 공무원이나 공기업(전기안전공사, 가스안전공사 등)을 퇴임한 경험이 있거나, 과학수사 분야에서 탁월한 연구 실적을 쌓은 사람들이에요.

대한민국 과학수사는
언제부터 시작되었나요?

편 대한민국 과학수사는 언제부터 시작되었나요?

문 1948년 대한민국 정부 수립과 함께, 같은 해 11월 4일 내무부(현 행정안전부) 치안국에 감식과가 신설되면서 우리나라 과학수사의 역사가 시작되었어요. 초기에는 감식 담당자들이 지문과 전과 기록 등을 담당하며 주로 내근 위주로 업무를 수행했어요. 1990년대 중반, 경찰청은 과학수사의 중요성을 인식하고 전국 경찰서에 감식반을 신설하며 현장 중심의 과학수사 체제를 구축하기 시작했죠. 이후 2000년 초, 감식반은 과학수사반으로 명칭을 변경하며 공식적으로 '과학수사'라는 용어가 사용되기 시작했어요. 2014년 10월 1일에는 경찰서 단위의 과학수사팀을 지방 경찰청 과학수사대로 통합하면서 광역적인 과학수사 체계가 완성되었어요.

과학수사 업무는
어떻게 나뉘어 있나요?

편 과학수사 업무는 어떻게 나뉘어 있나요?

문 각 지방 경찰청에는 과학수사관리계와 과학수사대가 있어요. 과학수사관리계는 주로 사무실에서 근무하는 내근직이고, 과학수사대는 범죄 현장에 직접 출동하는 외근직이에요. 과학수사관리계는 소속 경찰청마다 차이가 있지만, 일반적으로 관리지원팀, 범죄분석팀(프로파일러), 폴리그래프팀(거짓말 탐지검사), 법과학감정팀(지문 시스템 검색)으로 구성되어 있어요. 이들은 오전 9시부터 오후 6시까지 여덟 시간 근무를 원칙으로 하며, 각자 맡은 분야의 사건을 처리해요. 다만, 중요 사건 발생 시에는 야간에 소집되어 감식 및 감정 업무를 수행하기도 해요.

그리고 과학수사 행정 지원부서인 과학수사관리지원팀은 모든 과학수사관이 원활하게 감식·감정 활동을 수행할 수 있도록 행정, 교육, 복지, 장비, 소모품 등을 지원해요. 과학수사대(외근직)도 각 지방 경찰청마다 구성이 다르지만, 일반적으로 과학수사전문팀(전문 기술 지원), 화재감식팀(화재·폭발 현장 감식), 핸들러팀(범죄 현장 수색견 운영), 수중과학수사팀(수중 범죄 현장 감

▼ 폴리그래프 검사

▼ 현장 감식

식) 등과 여러 개의 광역과학수사팀(살인, 강도, 절도 등 모든 범죄 현장 대응)으로 구성되어 있어요.

광역과학수사팀은 일선 경찰서 두세 곳을 관할하며, 해당 지역에서 발생하는 각종 사건 현장에 출동하여 감식 업무를 수행해요. 광역과학수사팀 소속 과학수사관들은 대부분 3교대로 근무하며, 관할 경찰서 지령실이나 형사팀, 지구대로부터 절도, 화재, 변사 등 사건을 의뢰받아요. 의뢰받은 사건에 대해 현장에 출동하여 감식을 진행하고, 증거를 수집하여 분석한 후, 결과를 해당 부서에 통보하는 업무를 수행해요.

과학수사와 사이버수사는
무엇이 다른가요?

편 과학수사와 사이버수사는 무엇이 다른가요?

문 국가수사본부 산하에는 사이버 범죄를 담당하는 사이버수사 심의관 부서와 과학수사를 담당하는 과학수사 심의관 부서가 각각 설치되어 있어요. 또한, 서울, 부산 등 각 지방 경찰청에는 사이버수사과와 과학수사과가 별도로 운영되고 있어, 사이버수사과와 과학수사는 서로 다른 업무를 수행하는 별개의 부서예요. 과학수사와 사이버수사는 사건 접수 단계부터 각각 다른 유형의 범죄를 담당해요. 일반적으로 과학수사는 살인, 강도, 절도 등 현장에서 물리적인 증거를 확보할 수 있는 사건을 다루지만, 사이버수사는 인터넷 등 가상 공간에서 발생하는 사건을 대상으로 해요.

하지만 사이버수사 과정에서 IP 추적을 통해 범행 현장이나 용의자의 주거지, 물리적인 증거물이 발견될 경우, 사이버수사팀은 직접 감식하지 않고 과학수사팀에 감식과 감정을 의뢰하기도 해요. 반대로, 과학수사 현장에서 디지털 증거가 발견될 때는 과학수사팀이 사이버수사팀에 분석을 의뢰하여 두 부서가 협력하여 수사를 진행하는 경우도 빈번하죠.

인공지능의 발달이 과학수사에
어떤 영향이 있나요?

🔲 인공지능의 발달이 과학수사에 어떤 영향이 있나요?

🔲 인공지능은 과학 기술 발전의 한 축을 이루며, 과학수사 분야와 밀접하게 연관되어 있어요. 이미 지문 자동 검색 시스템이나 족적 자동 검색 시스템 등에 인공지능 기술이 적용되어 활용되고 있으며, 앞으로 더욱 다양한 과학수사 분야에서 인공지능의 활용 가능성이 모색되고 있죠.

다음은 인공지능 관련 범죄 발생과 관련된 문제예요. 조금 어려운 이야기일 수 있지만, 자율주행차량의 교통사고를 예로 들어 설명해 볼게요. 만약 자율주행차량이 보행자를 치어 사망하는 사고가 발생한다면, 사고 원인을 규명하고 누가 책임을 져야 하는지 가려내는 것이 중요해요. 과학수사는 자율주행차량의 인공지능에 오류가 있었는지 분석하여 제조사의 책임 여부를 밝혀낼 수 있어요. 혹은 자율주행 시스템 자체에는 문제가 없지만, 운전자가 자율주행 모드를 설정하는 과정에서 사고가 났다면, 운전자의 책임을 물을 수 있죠. 아직 자율주행차량이 완전히 상용화되지는 않았지만, 자율주행차량이 대중화될수록 자율주행차량에 탑재된 인공지능을 분석할 수 있는 과학수사관의 필요성이 더욱 커질 거예요.

　미래에는 인공지능 기술의 발달로 인해 인공지능 시스템 자체를 분석하고 범죄를 규명하는 전문 과학수사관의 역할이 더욱 중요해질 거예요. 하지만 인공지능 관련 범죄는 예측하기 어렵고, 이에 대한 법적 기반이 미비하여 과학수사 기법 개발에도 한계가 있어요. 우리나라를 비롯한 많은 국가는 '죄형법정주의'를 원칙으로 하므로, 새로운 유형의 범죄에 대한 처벌 규정은 사전에 법률로 명확히 정해져야 해요. 즉, 인공지능 관련 범죄에 대해 누구를 처벌하고 어떤 처벌을 할 것인지에 대한 구체적인 법적 근거가 마련되어 있어야만, 처벌이 가능하죠. 문제는 새로운 범죄가 끊임없이 등장하는 데 반해, 이에 대한 법률과 과학수사 기술은 항상 뒤늦게 마련될 수밖에 없다는 점이에요.

과학수사는 정부 기관에서만
할 수 있나요?

편 과학수사는 정부 기관에서만 할 수 있나요?

문 모든 범죄 현장은 초동 수사 단계부터 형사소송법 및 경찰관직무집행법 등 관련 법률에 따라 수사 기관이 독점적으로 과학수사를 수행해요. 따라서 범죄 수사는 일반적으로 경찰이 주도적으로 끌어나가며, 과학수사 또한 경찰이 중심이 되어 진행돼요. 하지만 건물 붕괴와 같은 특수한 사건 발생 시에는 수사 기관이 보유한 장비나 전문 인력만으로는 감식 및 감정이 어려울 수가 있어요. 이럴 때 가스안전공사, 전기안전공사와 같은 관련 분야의 공공기관에 전문적인 분석을 의뢰하기도 해요.

또한, 수사 중이거나 재판 과정에서 피의자 측, 또는 피해자 측이 정해진 절차에 따라 증거를 확보하여 민간 전문가에게 감정을 의뢰하는 경우도 있어요. 가스안전공사, 전기안전공사 등 공공기관이나 민간 전문가가 수행하는 과학적 분석은 정부 기관의 공식적인 과학수사를 보완하고, 사건의 진실 규명에 기여하는 중요한 역할을 해요. 그뿐만 아니라, 재판 과정에서는 법원의 촉탁을 받아 민간 감정 기관이 필적 감정, 문서 감정 등을 수행하기도 해요. 이는 수사 기관을 직접적으로 돕는 것은 아니지만, 법원의 판단에 필요한 과학적 증거를 제공함으로써 공정한 재판에 기여하죠.

외국과 우리나라의 과학수사는
무엇이 다른가요?

편 외국과 우리나라의 과학수사는 무엇이 다른가요?

문 과학수사는 막대한 예산 투입이 필요한 분야예요. 동남아시아, 아프리카, 중남미 등 개발도상국과 비교하면 한국의 과학수사 예산 규모가 월등히 커서 직접적인 비교는 의미가 없어요. 그러나 미국, 영국, 일본 등 선진국과 비교했을 때, 한국은 과학수사에 상당한 예산을 투입해 왔고, 그 결과 일반적인 과학수사 수준은 선진국과 유사하게 발전했어요. 특히, 지문자동검색시스템 AFIS, Automated Fingerprint Identification Systems은 세계에서 가장 우수하다고 자부할 수 있어요.

흔히 과학수사 드라마에서 범인의 지문을 입력하자마자 용의자의 사진과 인적 사항이 모니터에 뜨는 장면을 볼 수 있는데요, 실제로 이러한 시스템을 구축하고 운영하는 국가는 대한민국이 유일해요. 이는 1962년 제정된 주민등록법에 따라 만 17세 이상의 모든 국민이 주민등록증을 발급받고, 이 과정에서 지문을 등록해야 하기 때문이에요. 등록된 지문 정보는 지문자동검색시스템에 저장되어 범죄 수사에 활용되죠. 이렇게 체계적인 지문 관리 시스템을 갖춘 국가는 전 세계적으로

▼ 교육부 초·중고 진로 멘토 수업

범죄현장의 진실을 밝히는
KCSI 과학수사관

매우 드물어요. 특히 미국, 영국 등 선진국조차도 주로 전과자의 지문만 데이터베이스에 보유하고 있어 한국의 지문자동검색시스템과 직접 비교하기 어려워요.

참고로, 제가 과거 교육부 주관 청소년 진로 멘토링 프로그램에 참여했을 때 학생들이 가장 많이 했던 질문 중 하나는 "주민등록번호가 없는 학생들은 범죄를 저질러도 잡히지 않을까요?"였어요. 만 17세 미만 청소년의 경우 경찰에 지문이 등록되어 있지 않지만, 범죄 현장에서 발견된 지문은 장기간 보관하며 주기적으로 재검색해요. 따라서 미성년 시절 범죄를 저지른 사람이 성인이 되어 주민등록증을 발급받으면 지문 대조를 통해 신원이 확인될 수 있죠.

외국과 한국의 과학수사 시스템은 다양한 측면에서 비교될 수 있지만, 모든 차이점을 설명하기는 어려워요. 하지만 한국의 과학수사는 세계적으로 높은 수준을 자랑하며, 관련 분야 종사자들의 지속적인 노력 덕분에 선진국과 어깨를 나란히 하고 있어요.

이 분야는 앞으로
어떻게 발전할까요?

편 이 분야는 앞으로 어떻게 발전할까요?

문 과학수사는 과학 기술을 활용하여 범죄를 해결하는 분야로, 과학 기술의 발전과 함께 더욱 정교하고 광범위하게 발전할 것으로 예상돼요. 경찰청은 인공지능 기술을 접목한 다양한 연구 개발을 진행하고 있으며, 과학치안연구개발센터에서는 매년 공모를 통해 미래 경찰에 필요한 연구 과제를 선정하여 끊임없이 노력하고 있어요.

경찰청 과학수사센터는 미래 과학수사를 대비하여 2000년대 초 증거물관리스시템EMS, Evidence Management System을 구축했어요. 이 시스템은 현재의 기술로는 해결할 수 없는 사건의 증거물을 미래에 개발될 새로운 기술로 분석할 수 있도록 훼손 없이 보관하는 것을 목표로 해요. 증거물 보관실은 각종 증거물을 오염이나 훼손 없이 보관하기 위한 개별 보관시설, 생물학적 증거물을 위한 항온·항습 시설 및 냉동·냉장 시설을 갖추고 있어요. 모든 증거물에는 바코드가 부여되어 권한 있는 사람만 접근할 수 있도록 관리하고요. 화성 연쇄살인 사건은 증거물관리시스템의 중요성을 보여주는 대표적인 사례예요. 당시에는 DNA 분석 기술이 발달하지 않았지만, 잘 보존된 증거물 덕분에 30년이 지나서야 범인을 검거할 수 있었죠. 대한민국 경찰은 미래 과학수사를 위해 끊임없이 노력하고 있으며, 여러분이 바로 미래 과학수사를 이끌어갈 주인공이에요.

범죄현장의 진실을 밝히는
KCSI 과학수사관

과학수사관의
세계

과학수사관의
업무 순서를 알려 주세요.

편 과학수사관의 업무 순서를 알려 주세요.

문 광역과학수사팀의 업무는 범죄 현장 감식에서 시작돼요. 범죄 신고가 접수되면 경찰서 지령실은 지구대에 무전으로 출동을 지시하고, 최초 현장 도착자인 지역경찰관은 초동 조처를 하죠. 이때 지역경찰관의 판단에 따라 과학수사가 필요하다고 여겨지면 광역과학수사팀에 연락하며, 이후 광역과학수사팀이 현장에 도착함으로써 본격적인 과학수사 활동이 개시됩니다. 현장에 도착한 과학수사관은 현장 보존, 관찰, 기록, 검색, 수집, 증거 등록, 감정, 보고서 작성 등의 절차에 따라 감식을 진행해요.

1. 현장 보존

현장 보존은 최초 도착한 지역경찰관이 현장 훼손 우려가 있으면 출입 통제를 위해 폴리스라인을 설치하는 것으로 시작돼요. 특히 살인 등 중요 사건의 경우, 최대한 넓은 범위를 2~3중으로 폴리스라인을 설치하기도 해요. 이후 과학수사팀이 현장에 도착하면 지역경찰관 또는

119 구급대는 위급한 피해자 구호 등의 불가피한 조치로 인해 훼손된 현장 상황을 과학수사관에게 설명하고 인계하죠. 현장을 인계받은 과학수사팀은 감식에 앞서 동영상과 사진을 촬영하여 기록해요. 이는 감식 활동 중에도 현장이 지속적으로 변할 수 있으므로, 추후 필요시 변화 이전의 현장 모습이 담긴 동영상과 사진을 통해 상황을 재구성하고 분석하기 위함이에요. 다만, 현장 보존도 중요하지만, 생명이 위독한 피해자가 현장에서 발견되면 누구든 현장 보존의 모든 절차를 생략하고 인명 구조를 최우선으로 해야 해요.

2. 관찰, 기록, 검색

현장 관찰은 최초 사진 촬영 후 개인적인 예측이나 단정 없이 객관적이고 면밀하게 이루어져야 해요. 관찰 및 검색을 통해 범죄 유형, 범인의 침입 경로, 범행 수법, 도주 경로 등을 파악하고, 현장에 남겨진 증거물의 위치를 비롯한 모든 사항을 빠짐없이 기록하죠.

3. 수집, 채취

현장 관찰, 기록 및 검색이 완료되면 다음 단계로 칼,

흉기 등의 증거물을 수집해요. 지문, 유전자, 미세 증거, 족적 등 수집이 용이하지 않은 증거는 각종 시약을 사용하여 형태나 상태를 강화한 후 채취하고요. 수집된 모든 증거에는 번호를 부여하고 사진 촬영을 하며, 수집 시간과 장소 등을 세밀하게 기록하고 오염 및 파손 방지를 위한 개별 포장도 함께 진행하죠.

4. 시스템 등록

수집된 증거는 증거물관리시스템에 입고 등록된 후 허가받은 담당자에 의해 감정 및 재감정을 위한 출고와 입고가 반복될 수 있어요.

5. 검색 및 감정 의뢰

등록된 증거물은 출고 후 상태에 따라 건조 및 시약 처리 과정을 거쳐 추가 증거를 발견할 수 있어요. 예를 들어, 현장에서 수집한 칼에서 지문, DNA 등 추가 증거를 발견하여 수집한 경우, 해당 증거 역시 증거물관리시스템에 새로 등록하죠. 또한, 필요한 경우 증거물을 재출고하여 국립과학수사연구원 등 전문 감정기관에 감정을 의뢰하기도 해요.

6. 결과 보고

마지막으로, 현장 감식의 모든 과정은 시스템을 통해 감식 결과 보고서, 변사자 조사 결과 보고서, 감정서 등으로 작성해서 담당 수사관에게 통보해요.

업무 강도는 어떤가요?

[편] 업무 강도는 어떤가요?

[문] 육체적, 정신적 업무 강도로 나누어 설명할게요. 육체적 업무 강도는 지역 경찰청마다 차이가 있을 수 있지만, 제가 근무하는 경기남부경찰청 과학수사대 모든 광역과학수사팀의 경우 연간 약 23,000건의 사건을 처리해요. 13개 광역과학수사팀 전체가 하루 평균 60여 건을 처리하는 셈으로, 한 팀당 하루 평균 약 다섯 건의 현장을 담당하죠. 사건 한 건당 소요 시간은 현장 출동부터 감식, 증거물 처리, 분석 및 감정, 보고서 작성까지 평균 네 시간 정도고요. 단순 계산으로 하루 다섯 건에 네 시간씩 총 20시간이 소요되므로, 24시간 중 20시간은 사무실과 현장을 오가며 틈틈이 식사와 휴식을 취하는 시간이라고 볼 수 있어요. 과학수사관의 나이, 성별, 체력 등에 따라 체감하는 육체적 업무 강도는 다를 수 있으나, 광역과학수사팀 소속 과학수사관은 3교대 근무 중 하루 24시간 동안 높은 강도의 업무를 수행해요.

다음은 과학수사관의 정신적 업무 강도에 대해 설명할게요. 광역과학수사팀에 접수되는 사건의 절반은 변사 사건이에요. 변사란 사망 원인이 질병인지, 타살인지 불분명한 상태의 사망을 의미하며, 수사 기관에서는 이러한 사망 사건을 변사 사건이라고 해요. 과학수사관에게 변사 사건은 정신적 업무 강도가 가장 높은 현장이죠. 특히 살인 사건의 경우, 피해자의 상태는 과학수사관의 시각, 촉각, 후각을 극도로 자극하고, 피해자가 사망 직전에 느꼈을 공포에 공감하게 되면 극심한 정신적 스트레스를 유발해요. 물론 과학수사관의 정신적 스트레스와 외상 후 스트레스 장애 예방을 위해 다양한 심리 상담, 치료 및 교육이 시행되고 있어 스트레스가 장애로 이어지는 경우는 극히 드물지만, 과학수사관이 현장에서 겪는 정신적 업무 강도에 대한 이해를 돕기 위해 설명했어요.

장비와 시설은 어떤 걸 사용하나요?

편 장비와 시설은 어떤 걸 사용하나요?

문 과학수사의 수준을 결정하는 중요한 요소 중 하나는 장비, 시설, 그리고 운영 프로그램이에요. 앞서 얘기한 것처럼 대한민국은 과학수사에 상당한 예산을 투입하는 치안 선진국으로서, 과학수사 수준은 다른 선진국과 비교해도 뒤처지지 않죠. 과학수사대에서 매일 사용하는 장비인 과학수사 차량에는 다양한 현장 상황에 대응하기 위한 가방 형태의 각종 키트가 탑재되어 있어요.

과학수사 차량에는 카메라 및 렌즈 세트, 지문 감식 세트, 지문 광원 세트, 현장 조명 세트, 족적 감식 세트, 유전자 감식 세트, 변사자 검시 세트, 혈흔 패턴 감식 세트, 각종 측정 세트, 현장 보존 세트, 화재 감식 세트, 현장 통행판 세트, 현장 발굴 세트 등 다양한 키트가 탑재되어 있어요. 이 외에도 과학수사 텐트, 시체 가림막, 크기별 금속 및 플라스틱 용기, 비닐봉지와 종이봉투, 헬멧, 고글, 마스크, 방독면, 장갑, 보호복, 덧신 등 여러 종류의 소모품이 함께 적재되어 있죠.

총기 사건 등 특수한 감식이 필요한 경우에는 화약 예비 반응 키트, 정액 예비 반응 키트, 인혈 예비 반응 키트, 마약 예비 반응 키트 등 고온에 민감한 시약류는 차량 내 보관 대신 안전한 물품 창고에 보관하며, 관련 사건 발생 시 휴대하여 출동해요. 한편, 과학수사과에서는 폴리그래프, 영상 분석 장비, 실체현미경, 3D 스캐너, 열화상 카메라, DNA 분석 장비 등을 운영하고 있어요.

과학수사 시설은 광역과학수사팀의 작업실 환경과 규모에 따라 다소 차이가 있을 수 있지만, 경찰청에서 공통으로 보급한 장비로는 접사 촬영 시설, 하향 배기 작업대, 지문 현출 챔버, 배기 시약장, 급배기 시설 등이 있으며, 작업실 내에서 사용하는 소형 광원 장비, 광원 필터 등 다양한 소형 장비도 갖추고 있어요. 특히 배기 시약장에는 수십 종의 다양한 시약 및 약품이 보관되어 있고요.

한국만 보유하고 있는 과학수사 장비로는 이동식 과학수사 버스가 있으며, 각 지방 경찰청에 한 대씩 배치되어 있어요. 이 버스는 일반적인 사건에는 투입되지 않고, 대규모 재난이나 연쇄살인 사건 등 지방 경찰청에 수사본부가 설치된 중요 사건 현장에 집중적으로 투입돼요. 차량 내부는 현장에서 감식, 분석, 감정 업무를 수행할 수 있도록 완벽한 작업 공간과 시스템을 갖추고 있죠.

▲ 이동식 과학수사 버스

　과학수사에서 운영 중인 대표적인 시스템으로는 지문자동
검색시스템, 족·윤검색시스템, 증거물관리시스템, 몽타주시
스템, 범죄수법영상시스템, 지리적프로파일링시스템 등이 있
으며, 이 외에도 다양한 시스템을 활용하고 있어요.

범죄 현장을 보면 마음이 힘들진 않나요?

편 범죄 현장을 보면 마음이 힘들진 않나요?

문 자주 있는 일은 아니지만, 범죄 현장에서 잔혹하게 살해되거나 다친 피해자를 마주할 때면 가슴 아프고 답답한 마음이 들 때가 많았어요. 특히 제 가족(부모님, 아내, 딸)과 같은 나이의 피해자를 볼 때 가장 가장 힘들었어요. 현장에 도착했을 때 제 딸과 같은 나이의 교복을 입은 여학생 피해자를 목격하게 되면, 피해자 부모님의 아픔과 슬픔이 고스란히 전해지는 듯했죠. 이러한 힘든 감정들이 누적되어 트라우마로 남아 힘든 시기를 겪기도 했지만, 과학수사관으로 30여 년간 근무하며 스스로 트라우마를 극복하기 위한 방법을 찾았어요. 범죄 현장에서 최대한 감정이입을 자제하고 현장 감식에 더욱 집중하는 것이 그 방법이에요. 지금까지 이 방법이 제게 큰 도움이 되고 있고요.

이 직업이 인기가 많은 이유는 뭘까요?

편 이 직업이 인기가 많은 이유는 뭘까요?

문 과학수사 직업의 인기에는 여러 요인이 복합적으로 작용하겠지만, 미국 드라마 〈CSI〉 시리즈를 통해 과학수사대의 활동이 대중에게 널리 알려지면서 인지도가 크게 상승한 것이 주요 원인 중 하나라고 생각해요. 〈CSI〉의 인기는 과학수사에 대한 국민적 기대감을 고조시켰고, 이러한 국민의 기대에 부응하기 위해 경찰청은 과학수사 분야에 예산을 증액하고 전문 교육 과정을 신설하는 것은 물론, 전문 인력 채용의 기반을 마련하는 데 힘썼죠.

과학수사 전문화를 위한 예산은 기획재정부의 심의를 거쳐야 확보할 수 있는 구조인데, 미국 드라마 〈CSI〉 시리즈의 영향으로 과학수사에 대한 국민적 기대 수준이 이미 높아져 있었어요. 이러한 상황은 과학수사 분야의 신규 예산 확보를 비교적 용이하게 만들었고, 추가 예산 확보 또한 다른 부서에 비해 상대적으로 수월했던 측면이 있죠. 결과적으로 과학수사의 발전과 더불어 그 위상이 높아졌고, 경찰 내부에서도 과학수사를 지원하는 인력이 증가하는 긍정적인 효과를 가져왔어요. 초기에는 과학수사를 지원하는 경찰관 중 과학수사 관련 전공자를 먼저 배치하였으나, 이제는 과학수사를 전공한 전문 인력을 직접 채용하기 시작하면서 과학수사의 인기가 더욱 높아진 것으로 보여요. 또한, 과학수사관이라는 직업의 인기가 상승함에 따라 전국 여러 대학에서 과학수사관 양성을 목표로 하는 관련 학과들이 증가하는 추세예요.

과학수사관이 되길 잘했다고
느끼는 순간은 언제예요?

편 과학수사관이 되길 잘했다고 느끼는 순간은 언제예요?

문 이 질문을 받는 순간, 제 지난 시간을 되돌아보니 130명의 경찰 동기 중 30년간 큰 문제 없이 한 부서에서 자부심을 가지고 근무한 사람은 제가 거의 유일하지 않을까 하는 생각이 드네요. 제가 처음 감식반에 지원했을 당시만 해도 감식반은 비교적 이동이 잦은 부서 중 하나였어요. 그래서 다른 직원들은 감식반에 잠시 머무르다 형사팀으로 옮기거나, 심지어 6개월 만에 다른 부서로 이동하는 경우도 많았죠. 매일 변사 현장에 출동해야 했기에, 당시에는 시체만 보는 부서라는 인식 때문에 근무를 꺼리는 분위기가 있었거든요.

편 이렇게 전문 분야로 특화된 지는 얼마나 되었나요?

문 2000년 전후로 과학수사팀에 변화가 일기 시작했고, 그 정점은 2014년 10월 1일이었어요. 이날을 기점으로 과학수사대의 소속이 경찰서에서 지방 경찰청으로 모두 변경되었죠. 과거에는 비선호 부서였던 과학수사가 이제는 누구나 선망하는 경찰 최고의 전문 직종으로 발전했어요. 젊은 시절, 과학수사관을 선택한 것은 최고의 선택이었고, 다시 신임 경찰관으로 돌아간다 해도 저는 주저 없이 과학수사관의 길을 택할 거예요.

이 사진은 제가 신임 과학수사관 시절 동료들과 함께 찍은 단체 사진이에요. 사진 속 가장 왼쪽에 서 있는 사람이 젊은 날의 과학수사관 문용수, 바로 저예요. 지금, 이 사진을 보니 당시 겪었던 사건들이 마치 어제 일처럼 생생하게 떠오르네요.

▲ 신임 과학수사관 문용수(좌)

처우와 복지는 어떤가요?

편 처우와 복지는 어떤가요?

문 과학수사관은 경찰공무원이므로 기본적으로 다른 공무원과 동일한 처우와 복지를 받아요. 하지만 과학수사관에게만 특별히 제공되는 혜택이 있는데, 바로 과학수사관 심리 역량 강화 워크숍과 과학수사관 특별 건강검진이에요. 과학수사관 특별 건강검진은 근무 중에 발생할 수 있는 유해 환경 노출 관련 질병을 사전에 확인하기 위한 검사로, 유해 화학 물질 누적 여부 등을 정밀하게 확인해요. 또한, 독감, 파상풍 등 각종 예방 접종 혜택도 제공돼요. 특히, 과학수사관의 심리적 회복을 지원하기 위한 복지 프로그램인 과학수사관 심리 역량 강화 워크숍에서는 제주도 문화 탐방, 등산, 명상 등 다양한 프로그램에 참여할 수 있어요.

워크숍은 일 년에 3~4회 정도 개최되는 것으로 알고 있어요. 연령대별로 20~30대와 40~50대로 나누어 워크숍이 진행되기 때문에, 비슷한 나이대의 과학수사관들이 모여 편안하게 소통할 수 있죠. 워크숍에 참여하여 동료들과 진솔한 대화를 나누다 보면, 현장에서 겪었던 마음의 상처와 스트레스를 효과적으로 해소할 수 있어요.

과학수사관의 일과가 궁금해요.

편 과학수사관의 일과가 궁금해요.

문 광역과학수사팀은 당직일 오전 9시에 출근하여 다음 날 오전 9시까지 24시간 동안 근무해요. 근무자는 주간과 야간 구분 없이 신고가 접수되면 즉시 2인 1조로 현장에 출동하죠. 저희 팀은 과학수사 차량 세 대를 보유하고 있고, 팀장을 포함한 총 열여섯 명의 근무자 중 매일 다섯 명(검시조사관 한 명, 과학수사관 네 명)이 당직 근무하는 3교대(당직→비번→휴무) 방식으로 운영돼요.

08:30　출근 및 업무 준비

근무자들은 보통 8시 30분경 출근하여 장비, 소모품, 근무 복장을 점검하고 회의에 참석하며 하루를 시작해요.

09:00　긴급 출동

회의가 끝나자마자 절도 사건과 변사 사건 신고가 동

시에 접수됐어요. 1조(두 명)는 절도 사건 현장으로, 2조(두 명)는 변사 사건 현장으로 긴급 출동해요. 팀장은 검시조사관과 함께 별도의 차량을 이용하여 변사 현장으로 향하고요. 이렇게 출근 직후 팀원 여섯 명 모두 현장으로 출동하네요.

10:00   현장 감식 시작

각각 절도 사건 현장과 변사 사건 현장에 도착한 과학수사관들은 현장을 관할하는 지역 경찰로부터 현장 상황을 인계받은 후, 사진 촬영을 시작으로 본격적인 현장 감식을 진행해요.

12:00   사무실 복귀

약 두 시간 만에 현장 감식을 마치고 수집한 증거물을 챙겨 1조와 2조 모두 사무실로 복귀해요.

13:00

사무실에 복귀한 과학수사관들은 수집한 증거물을

증거물관리시스템에 등록하고 사무실 주변 식당에서 늦은 점심을 먹어요. 하지만 식사 도중 또 다른 변사 사건 신고가 접수됐어요. 1조는 급히 식사를 마치고 즉시 현장으로 출동하고, 나머지 2조는 앞서 절도 및 변사 사건 현장에서 수집해 온 증거물을 분석하고, 족적과 지문을 검색하여 사진 기록 및 보고서 작성을 진행해요. 이와 동시에, 지역경찰관들이 과학수사관의 현장 출동 요청 없이 직접 채취해 온 증거물의 감식 의뢰가 하루 평균 다섯 건 이상 접수돼요. 이 의뢰받은 감정물에 대해서도 일일이 시약 처리 과정을 거쳐 지문, DNA 등 증거를 채취, 검색하고 보고서를 작성하죠. 이렇게 주간에는 현장 출동 세 건과 의뢰 감정물 다섯 건, 총 여덟 건의 업무를 처리했어요.

17:00~

과학수사팀은 언제든 새로운 사건 신고가 접수될 수 있어 시간이 허락할 때 저녁 식사를 하고, 낮에 접수된 사건들의 마무리 작업을 진행해요.

18:00~

저녁 식사 직후, 곧바로 화재 신고가 접수됐어요. 미리 저녁을 먹어 둔 것이 다행이라고 생각하며 팀장과 2조가 함께 화재 현장으로 출동해요. 하지만 현장에 도착했을 때는 아직 화재가 진화 중이었기 때문에, 외부에서 현장 사진 촬영만 진행하며 대기해야 해요.

20:30~

약 한 시간 후 화재는 완전히 진압되었지만, 건물 내부의 온도가 너무 높고 유독 가스가 다량 발생하여 내부 진입이 불가능한 상황이에요. 또한, 야간이라 시야 확보가 어렵다고 판단하여 다음 날 아침에 다시 현장 감식을 진행하기로 하고, 현장 주변에 폴리스라인을 설치한 후 사무실로 복귀해요.

22:00~

야간 주거 침입 신고가 접수되어 1조가 현장으로 출동하고, 곧이어 변사 사건 신고가 추가로 접수됨에 따라 나머지 2조 또한 현장으로 급히 출발해요.

02:00~

1조와 2조는 각 현장 감식을 마치고 사무실로 복귀해
요. 사무실에서 사건 관련 서류 작업 등 남은 업무를
마무리한 후, 잠시 각자의 자리에서 휴식을 취해요.

05:00~

2조는 퇴근 전, 전날 발생했던 화재 현장의 감식을 마
무리하기 위해 다시 현장으로 출동하여 정밀 감식을
진행해요.

07:00~

화재 현장에서 돌아온 2조는 감정물 처리, 사진 기록
및 보고서 작성 등의 업무를 마무리하고, 다음 근무자
를 위해 사무실과 실험실을 정리하고 청소해요.

08:00~

근무 중 착용했던 복장을 세탁기에 넣고 퇴근을 위한
샤워도 하죠.

08:30~

다음 당직 근무자가 출근하면, 전날 발생했던 사건 및
업무 전반에 대한 인수인계 회의를 진행해요.

09:00~

인수인계 회의가 끝나면 24시간 동안의 고된 당직 근
무를 마치고 다섯 명의 근무자는 퇴근해요.

특별히 노력해야 하는 점이 있나요?

편 특별히 노력해야 하는 점이 있나요?

문 저는 이 직업에서는 단순히 노력하는 것보다 업무에 대한 흥미와 열정을 갖는 것이 더 중요하다고 생각해요. 과학수사관이 업무에서 흥미와 열정을 잃는 순간, 이 일은 그저 고된 노동으로 전락할 수 있어요. 실제로 이 분야에서 흥미와 열정을 잃는 사람들도 적지 않고요. 현장에서 시신을 빈번하게 접하다 보면 적성에 맞지 않는다고 느끼게 되는 경우가 많고, 화재 현장에서는 다량의 유해 물질에 노출되기도 하죠. 이러한 환경에 회의를 느끼고 다른 부서로 전출을 희망하는 때도 있어요. 많은 과학수사관 사이에서 동료들이 훌륭한 과학수사관이라고 인정하는 사람들은 한결같이 열정과 흥미를 잃지 않는 사람들이에요. 흥미와 열정은 다른 사람들보다 더 헌신적으로 노력하게 할 뿐만 아니라, 창의적인 사고를 가능하게 하죠.

범죄 현장은 일반적인 직업과는 달리 매일 다양한 사건들을 접하게 돼요. '정말 이런 일도 일어날 수 있나?' 싶을 정도로 처음 겪는 일들도 많죠. 예를 들어, 아파트 주차장에서 도난 차량을 감식하고 있었는데, 갑자기 아파트 위에서 사람이 뛰어내려 제 바로 옆에 떨어져 사망하는 사건도 있었어요. 나중에 알고 보니, 범인이 차량 감식 광경을 목격하고 검거될 것을 두려워하여 투신자살한 사건이었어요. 또한, 다른 사망 사건을 처리하던 중, 바로 옆집에서 사건과 전혀 관련 없는 또 다른 시신을 발견한 적도 있고요.

우리가 하는 일은 애초에 정답이 정해져 있지 않은 문제와 같아요. 그렇기 때문에 과학수사관들은 정답이 없는 문제들을 해결하기 위해 더 열정적으로 임하는 것 같아요. 하지만 여러분은 아직 미래의 직업에 대한 열정이나 흥미를 가늠하기 어려울 거예요. 다양한 직업 선택의 기회가 있는 만큼, 과학수사관이라는 직업에 대해 신중하게 고민해 보기를 권해요. 만약 과학수사관의 길을 선택한다면, 후회 없이 열정을 쏟아볼 만한 가치가 충분한 직업이라고 생각해요.

스트레스는 어떻게 해소하나요?

편 스트레스는 어떻게 해소하나요?

문 과학수사관뿐만 아니라 모든 직장인은 스트레스를 받아요. 저는 스트레스 해소를 위해 계절에 어울리는 야외 활동을 즐기는 편이에요. 봄과 가을에는 캠핑하러 다니고, 여름에는 롤러스케이트를 타며 더위를 식히죠. 날씨가 너무 더울 때는 실내 롤러스케이트장을 찾기도 하고요.

이전에는 겨울이면 스노보드를 즐기곤 했지만, 나이가 들면서 체력이 예전 같지 않아 부상 위험 때문에 자제하고 있어요. 대신 겨울에는 주로 가까운 동네 뒷산을 가볍게 오르며 근력을 유지하고 있죠. 과학수사 업무는 상당한 체력을 요구하는 직업이기 때문에, 꾸준한 근력 관리가 필수적이에요. 저는 운동이 심신의 건강을 유지하고 스트레스를 해소하는 가장 효과적인 방법이라고 생각해요. 자주 하지는 않지만, 동료나 선배, 혹은 오랜 친구들을 만나 이야기를 나누는 것도 큰 도움이 돼요. 동료 과학수사관 중에는 스트레스 해소 수단으로 사진 촬영을 즐기는 사람들이 많아요. 아무래도 카메라를 자주 다루는 직업이다 보니, 사진에 흥미를 느끼는 것 같아요. 아마추어 사진작가 수준의 실력을 갖춘 동료도 있고요.

▼ 스트레스 해소 롤러스케이트 타기

범죄현장의 진실을 밝히는
KCSI 과학수사관

직업병이 있나요?

(편) 직업병이 있나요?

(문) 과학수사관은 주야를 가리지 않고 사건 발생 시 즉시 출동해야 하는 직업이에요. 업무 특성상 규칙적인 식사를 하기가 어렵죠. 특히 사건 신고가 쏟아지는 날에는 점심을 거르고 저녁 식사를 하는 경우도 종종 있어요. 이 때문에 많은 과학수사관이 만성 소화 불량에 시달리는 편이에요.

또 한 가지 특징은 저희 직업군이 유난히 조심성이 많다는 거예요. 추락, 감전, 화재, 청소년 범죄 등 다양한 사건 현장을 접하다 보니, 제 아이들이 밤에 돌아다니는 것이 불안하여 고등학교 시절 야간자율학습 면제를 학교에 요청하기도 했어요. 아파트도 높은 층보다는 엘리베이터를 이용하지 않아도 되는 저층을 선호하고요. 외출 시에는 가스, 전기, 수도, 현관문 잠금 상태를 확인하는 것을 습관처럼 여기며, 혹시라도 기억나지 않으면 반드시 되돌아가 다시 확인하죠.

워낙 여러 사건 사고를 접하다 보니 매사에 신중을 기하는 편이에요. 지나치게 조심스러워 다소 불편할 때도 있지만, 안전을 생각하면 나쁠 것은 없다고 생각해요. 특히, 안전사고로 인한 사망 현장을 감식하다 보면, 원인이 아주 사소한 부주의

나 실수인 경우가 많거든요. 안전 장비가 있음에도 불구하고 귀찮다는 이유로 착용하지 않거나, 위험성을 인지하고도 서둘러 작업을 진행하다 사고로 이어지는 경우를 보면서, 이러한 사소한 행동들이 결국 사람의 생명과 직결될 수 있다는 것을 깨닫게 되죠.

존경하는 과학수사관이 있나요?

편 존경하는 과학수사관이 있나요?

문 저는 세계적인 법과학자인 헨리 리 박사를 존경해요. 헨리 리 박사에 대해 간략히 설명해 드리면, 그는 중국에서 태어나 대만에서 경찰로 근무하다가 뉴욕 존제이대학에서 법과학 학사 학위를 받고 뉴욕 주립대학교에서 생화학 석 · 박사 학위를 취득했어요. 이후 뉴욕대학교 메디컬센터, 뉴헤이븐대학교 법과학부, 코네티컷주 공공안전국장, 주 법과학연구소장 등을 역임하며 법과학 분야의 최고 권위자로 자리매김했죠. 현재는 THE HENRY C. LEE 법과학연구소를 설립하여 법과학 및 범죄수사 컨설턴트로 활발히 활동하고 있는 저명한 법과학자예요.

제가 약 10년 전, 인터넷에서 우연히 책을 검색하다가 『Henry Lee's Crime Scene Handbook』을 처음 접하게 되었어요. 당시 저는 현장 감식에 대해 많이 고민하고 있었고, 완벽에 가까운 현장 감식 절차를 찾고 있던 때였죠. 『Henry Lee's Crime Scene Handbook』은 범죄 현장 감식 절차, 접근 방법, 증거물 처리 등에 대한 모범적인 답을 제시해 주었어요. 이후 현장에서 감식 절차 등에 대한 의문이 생길 때마다 이 책을 다시 찾아보며 부족한 부분을 보완하는 습관이 생겼어요. 이러

▲ THE HENRY C. LEE Institute of Forensic
Science 홈페이지

한 경험을 통해 저는 자연스럽게 헨리 리 박사를 존경하게 되
었죠.

이직이나 전직을 하는 경우가 있나요?

편 이직이나 전직을 하는 경우가 있나요?

문 경찰공무원 신분인 과학수사관이 전직할 기회는 많지 않아요. 이는 한국의 과학수사 발전이 한국전쟁으로 인해 지연되었기 때문이에요. 현재와 같은 수준으로 발전한 것은 불과 20여 년에 불과하여, 다른 선진국에 비하면 짧은 역사가 있어요. 따라서 아직 정년퇴직 연령에 도달한 과학수사관이 거의 없어요. 현재는 극소수의 과학수사관이 명예퇴직 후 민간 전문가로 활동하는 정도죠. 하지만 우리나라보다 먼저 과학수사를 시작한 선진국들에서는 이미 많은 과학수사 관련 전문가들이 민간 분야에서 활약하고 있어요. 공무원의 정년은 60세이므로, 한국의 과학수사관 중에서도 10년 후쯤에는 정년퇴직자가 증가할 것으로 예상돼요. 이때가 되면 과학수사 민간 컨설턴트나 전문 직업인 시장이 크게 확대될 것으로 생각해요.

이 직업을 잘 묘사한 작품을 소개해 주세요.

편 이 직업을 잘 묘사한 작품을 소개해 주세요.

문 제 개인적인 생각이지만, 과학수사 활동을 정확하게 묘사한 국내 작품은 아직 접하지 못한 것 같아요. 전문 직업인들은 영상 매체에서 자신의 직업이 등장하면 더욱 주의 깊게 살펴보게 되는데, 어색함 때문에 아예 시청하지 않는 경우도 있거든요. 사실 저 또한 영상 작품 속 과학수사 장면을 볼 때면, 극 중 인물의 복장이나 연기가 실제 과학수사관과 비교했을 때 너무나 어색하여 공감하기 어려웠어요. 아마 다른 과학수사관들도 저와 같은 생각을 할 것이라고 봐요. 그 이유를 생각해 보니, 드라마는 정해진 시간 안에 증거 확보부터 범인 검거까지 결론을 내야 하므로 불가피하게 많은 부분이 생략될 수밖에 없다는 점을 고려하면 어느 정도 이해할 수 있어요. 그런데도 과학수사 현장에서 사용하는 장비나 기법을 가장 사실적으로 묘사한 작품은 미국의 〈CSI〉 드라마 시리즈라고 생각해요.

또한, 연쇄살인범 유영철을 소재로 2008년 개봉한 영화 〈추격자〉는 과학수사를 중심 내용으로 다룬 영화는 아니지만, 제가 경험했던 살인 사건 현장의 참혹함을 간접적으로나마 느낄 수 있게 하는 작품이었어요.

그런데 미국 〈CSI〉 시리즈와 한국 영화 〈추격자〉는 청소년 관람 불가 작품이라 청소년 여러분은 성인이 된 후에 시청할 수 있겠네요.

과학수사관이
되는 방법

과학수사관이 되는 다양한 방법을 알려 주세요.

편 과학수사관이 되는 다양한 방법을 알려 주세요.

문 경찰 과학수사관이 되는 방법은 크게 두 가지예요. 첫 번째는 경찰공무원 공개경쟁 채용시험에 합격하여 경찰공무원으로 임용된 후, 과학수사 외 다른 부서에서 근무하다가 과학수사팀 인원 충원 시 지원하여 과학수사과로 이동하는 방법이에요. 두 번째는 대학 및 대학원에서 과학수사 관련 전공 학위를 취득한 후, 경찰공무원 경력경쟁 채용시험의 일반 감식 또는 화재 감식 분야에 합격하여 과학수사관으로 임용되는 방법이죠.

저는 첫 번째 방법인 경찰공무원 공개경쟁 채용시험에 합격하여 1995년 경찰공무원으로 임용된 후 파출소에서 근무하다가 1997년 형사과 감식반으로 부서를 옮겨 과학수사관으로 근무하게 되었어요. 그런데 2000년대 중반부터 경찰공무원 경력경쟁 채용이 활성화되면서 다른 부서에서 근무하는 경찰관이 과학수사 부서로 이동하기가 점차 어려워졌죠. 이는 경찰공무원 경력경쟁 채용시험을 통해 임용된 과학수사관조차도 과학수사 부서의 정원 부족으로 즉시 과학수사관으로 근무하지 못하고, 우선 파출소에서 근무하며 과학수사 부서에 결원이 발

분야		응시 요건
현장감식	일반감식	※ 아래의 응시 요건 중 하나 이상에 해당되는 자
		학위 ▶ 관련 전공 석사학위 이상 취득자
		학위 + 자격증 ▶ 관련 전공 학사학위 취득자 중 관련 자격증 소지자 • 관련 자격증: 「국가기술자격법 시행규칙」 상 자격증 中 화학분석기능사(기사), 위험물기능사(산업기사, 기능장), 생물공학기사, 전기기능사(기사~기능장), 가스기능사(산업기사~기술사), 화재감식평가산업기사(기사) / 보건·의료 관련 국가전문자격증 中 간호사, 임상병리사, 의사, 약사
		학위 + 경력 ▶ 관련 전공 학사학위 취득자 중 관련 분야 근무 또는 연구 경력이 2년 이상인 자 • 관련 분야: 범죄 수사와 관련한 증거 수집, 채취, 분석, 감정, 연구 분야 ※ 학교·연구기관 행정조교, 대학원 과정, 기획·행정 업무는 불인정
		• 관련 전공: 과학수사학, 법과학, 법의학(법정의학, 법의간호학, 의학, 의과학), 범죄수사학, 범죄심리학, 범죄학, 형사학 ※ 전공·학위·학과명에 위 명칭이 포함되어 있으면 인정
	화재감식	※ 아래의 응시 요건 중 하나 이상에 해당되는 자
		학위 ▶ 관련 전공 석사학위 이상 취득자
		학위 + 자격증 ▶ 관련 전공 학사학위 취득자 중 관련 자격증 취득자 • 관련 자격증: 「국가기술자격법 시행규칙」 상 자격증 中 화학분석기능사(기사), 위험물기능사(산업기사, 기능장), 생물공학기사, 전기기능사(기사~기능장), 가스기능사(산업기사~기술사), 화재감식평가산업기사(기사) / 보건·의료 관련 국가전문자격증 中 간호사, 임상병리사, 의사, 약사
		학위 + 경력 ▶ 관련 전공 학사학위 취득자 중 관련 분야 근무 또는 연구 경력이 2년 이상인 자 • 관련 분야: 화재 감식과 관련한 증거 수집, 채취, 분석, 감정, 연구 분야 ※ 학교·연구기관 행정조교, 대학원 과정, 기획·행정 업무는 불인정
		• 관련 전공: 안전공학, 소방방재학, 소방공학, 방재공학, 물리학, 화학(공학), 전기학(공학), 건축학(공학), 토목(공학), 산업공학 ※ 전공·학위·학과명에 위 명칭이 포함되어 있으면 인정

▲ 경찰공무원 경력경쟁 채용 응시 요건

생할 경우, 먼저 배치해야 했기 때문이에요.

결론적으로 과학수사관을 지망하는 학생들에게는 경찰공무원 경력경쟁 채용시험의 일반 감식 또는 화재 감식 분야에 합격하는 것이 과학수사관이 되는 가장 쉬운 방법이라고 생각해요. 과학수사관을 목표로 한다면 무엇보다 경찰공무원 경력경쟁 채용시험 공고의 응시 자격을 꼼꼼히 확인해야 해요. 참고로 경찰청 모집 공고는 매년 내용이 변경될 수 있어요.

일반적으로 경찰공무원 경력경쟁 채용시험의 일반 감식 및 화재 감식 분야 응시 자격은 4년제 대학 졸업 후 관련 자격증 취득 등의 경력을 갖추거나, 대학원에서 과학수사 관련 석사 학위를 취득해야 해요. 따라서 전국 대학 및 대학원의 과학수사 관련 학과 또는 전공 개설 현황을 미리 파악하고, 해당 대학의 수시 · 정시 모집 인원, 내신 등급, 대학수학능력시험 점수 등을 미리 준비하는 것이 좋아요.

채용 정보나 기출문제가 있나요?

편 채용 정보나 기출문제가 있나요?

문 경찰공무원 경력경쟁 채용시험 정보는 경찰청 홈페이지
(www.police.go.kr)의 채용 공고란에서 '경찰공무원 경력경쟁 채
용시험 공고'를 검색하면 확인할 수 있어요. 경찰공무원 경력
경쟁 채용의 일반 감식 및 화재 감식 분야 시험은 구술 실기
시험으로 진행되는데요, 시험지를 통한 필기시험 방식이 아닌
심사위원이 직접 질문하고 응시자가 즉시 답변하는 방식이에
요. 따라서 정해진 질문은 없으며, 과학수사 분야 전문가 중에
서 위촉된 심사위원이 즉석에서 응시자에게 질문하기 때문에
기출문제 또한 존재하지 않죠.

편 한 해에 몇 명을 채용하나요?

문 매년 채용 인원은 변동이 있으나, 통상 경찰공무원 경력경
쟁 채용의 일반 감식 분야는 약 스무 명, 화재 감식 분야는 다
섯 명 내외로 채용하고 있어요.

청소년기에 어떤
준비를 하는 것이 좋을까요?

편 청소년기에 어떤 준비를 하는 것이 좋을까요?

문 청소년기에는 과학수사 분야에 대한 흥미를 유지하기 위해 취미 정도로 탐구하는 것이 좋아요. 탐구 방법으로는 과학수사 관련 서적을 읽거나, 인터넷 과학수사 커뮤니티, 자료, 기사 등을 스크랩 또는 메모하는 습관을 들이는 것이 도움이 될 수 있어요. 또한, 과학수사에 관심 있는 친구들과 쉬는 시간을 활용하여 대화를 나누고 정보를 교류하는 것도 좋은 방법이에요. 다만, 학교 공부를 소홀히 하면서 과학수사에만 지나치게 몰두해서는 안 돼요. 과학수사관이 되려면 대학과 대학원에서 관련 전공을 이수해야 하므로, 현재의 흥미 못지않게 대학 진학을 위한 학교 공부에 집중하는 것이 중요하죠. 특히, 중·고등학교 교과목 중 수학, 영어, 물리학, 화학, 생명과학은 대학에서 과학수사를 전공하는 데 큰 도움이 될 거예요.

과학수사관이 되기 위해서는
어떤 자질이 필요할까요?

(편) 과학수사관이 되기 위해서는 어떤 자질이 필요할까요?

(문) 과학수사대의 현장 감식은 여러 명이 협력하여 진행해요. 따라서 과학수사관에게는 협동심이 필수적이며, 과학에 대한 높은 관심이 있다면 더욱 유리해요. 범죄 현장에 출동하면 감식 업무는 분업으로 이루어져요. 각자 맡은 역할을 완벽하게 수행해야 하죠. 예를 들어, 사진 촬영 담당자는 모든 장면을 빠짐없이 촬영해야 하고, 증거물 담당자는 증거가 오염되지 않도록 주의하여 채취해야 해요. 감식 업무에서 단 하나의 오류라도 발생하면 해당 증거는 불법 증거가 될 수 있거든요. 불법 증거는 법정에서 현장 감식 전반의 신뢰도를 실추시킬 수 있고요. 따라서 각자 담당한 업무를 실수 없이 수행해야 하며, 상호 교차 점검을 통해 오류를 방지하죠. 과학수사관은 독단적으로 업무를 처리하는 사람보다 원활한 소통을 바탕으로 협력하는 사람에게 적합해요.

유리한 전공과 자격증이 있나요?

(편) 유리한 전공과 자격증이 있나요?

(문) 과학수사관이 되기 위한 경찰공무원 경력경쟁 채용시험 공고에는 지원 자격이 명시되어 있으며, 필요한 전공 또한 안내되어 있어요. 일반 감식 분야의 경우, 과학수사학, 법과학, 법의학(법정의학, 법의간호학, 의학, 의과학), 범죄수사학, 범죄심리학, 범죄학, 형사학 전공자가 지원할 수 있으며, 전공, 학위, 학과명에 관련 전공 명칭이 포함된 경우에도 인정돼요. 화재 감식 분야는 안전공학, 소방방재학, 소방공학, 방재공학, 물리학, 화학(공학), 전기학(공학), 건축학(공학), 토목(공학), 산업공학 전공자가 지원할 수 있고, 전공, 학위, 학과명에 관련 전공 명칭이 포함된 경우, 인정되고요.

(편) 유리한 자격증이 있나요?

(문) 경찰공무원 경력경쟁 채용시험 공고에는 유리한 자격증 또한 명시되어 있어요. 일반 감식 분야의 경우, 화학분석기능사(기사), 위험물기능사(산업기사, 기능장), 생물공학기사, 전기기능사(기사~기능장), 가스기능사(산업기사~기술사), 화재감식평가산업기사(기사), 간호사, 임상병리사, 의사, 약사 자격을 소지한

경우, 경력으로 인정받을 수 있어요. 화재 감식 분야 역시 화학분석기능사(기사), 위험물기능사(산업기사, 기능장), 생물공학기사, 전기기능사(기사~기능장), 가스기능사(산업기사~기술사), 화재감식평가산업기사(기사), 간호사, 임상병리사, 의사, 약사 자격을 소지한 경우, 경력으로 인정받죠.

어떤 경험을 쌓는 것이 좋을까요?

편 어떤 경험을 쌓는 것이 좋을까요?

문 이 질문 역시 바로 앞 질문과 같은 맥락에서 설명할 수 있어요. 협동심은 단순히 생각만으로는 형성될 수 없어요. 중ㆍ고등학교와 대학교의 팀 프로젝트 수업이나 동아리 활동을 통해 협동심을 경험하고 함양할 수 있죠. 경찰청 과학수사대 역시 제복을 착용하고 청장, 과장, 대장, 팀장 등의 직급과 계급이 존재하는 조직이므로, 상관의 명령과 지시에 따라 현장 감식을 진행해요. 따라서 친구나 동급생과의 수평적인 협동 경험뿐만 아니라, 선생님, 교수님, 선배, 후배 등과의 수직적인 협동 경험을 쌓는 것 또한 큰 도움이 될 거예요.

이 직업이 맞지 않는 사람은 누구일까요?

편 이 직업이 맞지 않는 사람은 누구일까요?

문 힘든 일을 오래 견디지 못하거나, 지나치게 감성적인 사람은 이 직업에 적합하지 않을 수 있어요. 과학수사 업무는 특성상 일의 시작과 끝이 명확하게 정해져 있지 않아요. 빈번하지는 않지만, 살인 사건과 같은 중대 사건이 발생하면 수사본부가 설치되고, 체력의 한계를 느낄 정도로 업무 강도가 급증하죠. 이때 피로를 느끼지 않는 사람은 없을 거예요. 이러한 상황을 견디지 못한다면 과학수사관으로 장기간 근무하기 어려울 거로 생각해요.

두 번째로, 현장 감식은 어떠한 예측이나 단정 없이 항상 객관적인 시각으로 보고 판단해야 해요. 지나치게 감성적으로 접근할 경우, 올바른 판단을 내릴 수 없다고 생각해요. 하지만 지구력이 부족하거나 감성적인 성격이라 하더라도 노력과 훈련을 통해 충분히 극복할 수 있어요. 저 또한 청소년기에 내성적인 성격이었으나, 이 직업을 가지면서 외향적인 성격으로 변화했거든요. 미래의 직업이 현재의 성향과 다르다고 해서 미리 단념하기보다는, 원하는 직업을 선택했다면 목표를 향해 노력하는 용기가 필요하죠.

책이나 영화 등을 추천해 주세요.

편 책이나 영화 등을 추천해 주세요.

문 제가 추천해 드릴 책은 세 권이에요. 첫 번째는 대학에서 과학수사를 전공하는 학생들이 필독해야 하는 서적 중 하나인 헨리 리 박사의 대표 저서, 『Henry Lee's Crime Scene Handbook』을 추천해요. 한국어 번역판은 『헨리 리의 현장 감식 핸드북』이라는 제목으로 서점에서 판매되고 있어요. 대학에서 공부하는 전문 서적이지만, 현장 감식의 기본을 간접적으로 경험할 수 있도록 구성되어 있죠.

▲ 『Henry Lee's Crime Scene Handbook』 (영문판)
▶ 『헨리 리의 현장 감식 핸드북』 (한글판)

두 번째 추천 도서는 과학수사 화재 감식 분야의 유일한 전문 서적인『화재조사 이론과 실무』예요. 이 책의 저자인 이승훈은 서울경찰청 과학수사과에서 화재 감식 담당자로 20여 년간 근무한 전문가로, 현장에서 경험한 다양한 이론과 실무 지식을 분야별로 총정리한 화재 감식 실무 서적이에요. 과학수사관을 비롯하여 화재와 관련된 소방관, 보험사, 손해사정사 등 관련 분야 종사자라면 누구나 한 권쯤 소장하고 있는 서적이죠. 이 책의 내용은 청소년이 읽기에는 다소 어려운 전문 서적이지만, 내용을 모두 이해하지 못하더라도 화재 감식 현장에서 어떤 이론이 실무에 적용되는지 간접적으로나마 파악할 수 있도록 구성되어 있어요.

▲『화재조사 이론과 실무』

세 번째 추천 도서는 법의학자 열두 명이 공동 저술한 『법의학』이라는 책이에요. 변사 사건 현장에서 발견되는 다양한 시신의 손상 형태를 자세하게 설명하고 있어 과학수사관이나 검시 조사관의 필독서 중 하나로 꼽히죠. 『법의학』은 의학 서적이기는 하지만, 전문 용어를 비교적 쉽게 설명하고 있어 의학적 지식이 없는 사람도 법의학의 기본적인 내용을 어느 정도이해할 수 있도록 구성되어 있어요. 다만, 이 책에는 시신 사진 등 다소 충격적인 내용이 포함되어 있으므로, 이러한 사진을 처음 접하는 사람은 심리적인 충격을 받을 수 있어요. 따라서 청소년이 이 책을 읽을 경우는 반드시 부모님이나 보호자의 지도가 필요하다고 생각해요.

▲ 『법의학』

앞서 소개한 『헨리 리의 현장 감식 핸드북』, 『화재조사 이론과 실무』, 『법의학』은 과학수사관이 현장 감식 및 검시에 필요한 대부분의 이론 및 실무 지식을 담고 있는 서적으로, 향후 과학수사관 채용시험의 전공 구술 면접에도 대비할 수 있도록 도움을 주는 추천 도서예요.

과학수사관이 되면

과학수사관이 되면 가장 먼저
어떤 업무를 하나요?

．

 과학수사관이 되면 가장 먼저 어떤 업무를 하나요?

 신임 과학수사관은 첫 한 달 동안 선임 과학수사관과 2인 1조로 근무하며, 현장에서 다양한 변수에 적응하고 실무 과학수사 기법을 교육받아요. 이 기간에 신임 과학수사관은 단독으로 현장 감식을 수행할 수 없으며, 선임의 지시에 따라 현장 감식 업무를 보조하죠. 현장과 사무실, 작업실에서 실무를 익히고, 매일 당직 근무 후에는 교육 및 감식 내용을 보고서로 작성하여 선임의 검토를 받은 후 팀장에게 결재를 받고요. 또한, 경찰수사연수원에서 과학수사 기본 교육 등 다양한 전문 교육을 받아요.

협업은 어떻게 이루어지나요?

편 협업은 어떻게 이루어지나요?

문 앞서 말씀드린 것처럼, 범죄 현장 감식은 각 팀원에게 미리 정해진 임무를 부여하여 진행돼요. 임무는 현장 지휘, 사진 촬영, 감식 진행, 증거 수집, 현장 기록, 검시 등으로 나눌 수 있어요. 팀장은 현장 상황에 따라 팀원들에게 사전에 임무를 부여하고 현장 감식을 시작하죠.

▲ 과학수사관이 협업하는 현장 감식

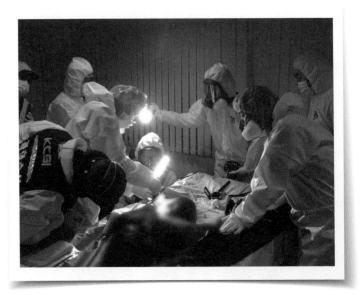

▲ 과학수사관이 협업하는 시신 검시

　범죄 현장 감식은 팀원 간의 유기적인 협력이 필수적이에 요. 팀장은 전체적인 감식 과정을 지휘하고, 사진 촬영 담당은 현장을 기록하며, 감식 진행 담당은 증거를 검색하고 채증하 죠. 증거 수집 담당은 채증된 증거를 포장하고 분류하며, 현장 기록 담당은 현장 약도, 증거물 목록 등을 작성하여 모든 정보 를 기록해요. 마지막으로, 검시관은 피해자의 사망 원인을 규 명하기 위해 시신을 검시해요.

근무 여건이 어떻게 되는지 궁금합니다.

편 근무 여건이 어떻게 되는지 궁금합니다.

문 각 지방 경찰청 과학수사대 광역과학수사팀의 근무 형태는 다소 차이가 있는데요, 제가 속한 경기남부경찰청 광역과학수사팀의 경우, 3교대 근무를 하고 있어요. 3교대 근무는 24시간 근무 후 하루 휴식, 그리고 또 하루 비번으로 이루어지는 근무 방식이죠. 즉, 3일 주기로 근무와 휴식을 반복하는 거예요. 다른 국가직 공무원과 달리, 경찰공무원은 국민의 자유와 권리를 보호하고 사회의 안녕과 질서를 유지해야 하는 직업이에요. 따라서 중요 사건 발생 시 비상소집에 따라 즉시 출근하여 임무를 수행해야 하며, 경찰 조직은 엄격한 상명하복 체계를 갖추고 있어 상사의 정당한 명령에 복종해야 해요. 잦은 비상소집과 강한 상명하복 체계는 개인의 자유를 제한하는 측면이 있지만, 국민의 안전을 책임지는 경찰공무원의 소임으로 받아들이고 업무에 임해야 하죠.

편 승진제도는 어떤 방식으로 이루어지나요?

문 과학수사관은 다른 경찰공무원의 승진 체계와 동일해요. 경찰공무원의 승진은 크게 특별 승진, 심사 승진, 시험 승진으로 나눌 수 있어요. 특별 승진은 경찰 행정 발전이나 범인 검거에 탁월한 공적을 세운 경우, 심사 승진은 근무 성적이 우수한 경우 심사를 통해, 시험 승진은 해당 계급의 승진 시험에 합격한 경우에 이루어져요.

편 업무 평가는 어떤 기준으로 이루어지나요?
문 모든 경찰공무원은 매년 11월부터 이듬해 10월까지의 근무 성적을 평가받아요. 범인 검거 실적, 근무 태도 등 다양한 항목을 종합하여 경찰 업무 발전 기여도를 평가하고, 이를 심사 승진에 반영하죠.

모든 범죄 현장에 과학수사관이 출동하나요?

<편> 모든 범죄 현장에 과학수사관이 출동하나요? 아니면 범죄 유형이 정해져 있나요?

<문> 모든 현장에 과학수사팀이 출동하는 것은 아니에요. 사건 현장에 가장 먼저 도착하는 지구대 소속 지역경찰관이 현장 상황을 판단하여 과학수사가 필요하다고 판단될 경우에만 과학수사팀에 출동을 요청해요. 예를 들어, 절도 신고를 받고 출동했지만 현금이 그대로 있는 경우나, 치매 환자가 현금 보관 장소를 착각한 경우처럼 추가적인 과학수사가 필요하지 않은 경우에는 과학수사팀이 출동하지 않을 수 있어요. 또한, 피를 흘리고 있는 사람을 발견하고 신고가 접수되었더라도, CCTV 확인 결과 혼자 술에 취해 넘어진 경우에는 과학수사팀의 지원 없이 현장 조치를 마무리할 수 있고요.

과학수사관은 범죄 유형과 관계없이 모든 사건에 출동할 수 있어요. 범죄 혐의가 있다고 판단되면 언제든지 과학수사를 요청할 수 있으며, 과학수사팀은 요청받은 모든 사건에 출동해요. 예를 들어, 누군가 대문 앞에 소변을 본 사건처럼 경범죄에 해당하는 사소한 사건이라도 피해가 발생했다면 과학수사팀이 출동하여 현장 감식을 진행할 수 있어요. 비록 경범죄라

할지라도 범죄는 범죄이므로 과학수사팀은 필요한 경우 언제든지 출동하여 증거를 수집하고 분석하죠.

제가 필리핀 출장 중에 들은 바로는, 필리핀 경찰은 살인 같은 강력 범죄에는 출동하지만, 피해 규모가 작은 사건에 대해서는 신고를 받지 않는 경우가 있다고 해요. 물론 나라마다 문화와 법체계가 다르기 때문에 단순 비교는 어렵지만, 우리나라에서 경찰이 피해가 경미한 사건에 대해 신고를 받지 않는다면 대부분의 사람이 이해하기 어려울 거예요. 오히려 경찰에 대한 비난이 커지고 사회적 문제로 이어질 가능성이 높다고 생각해요.

직급에 따라 업무가 다른가요?

편 직급에 따라 업무가 다른가요?

문 대한민국 경찰의 과학수사 조직은 다음과 같이 구성되어 있어요. 경찰청 과학수사 부서는 과학수사 관련 정책 수립, 예산 편성 등 행정 지원 업무를 담당해요. 현장에서 실제 과학수사를 담당하는 부서는 국가수사본부 소속 형사국 아래에 있죠. 과학수사심의관이 과학수사 분야의 최고 책임자이며, 이하 과학수사과장과 범죄분석과장이 과학수사 업무를 총괄해요. 각 과장 아래에는 계장이 있으며, 계장은 다시 분야별 과학수사 담당자를 지휘하여 현장 감식, 증거 분석 등의 업무를 수행하고요.

각 지방 경찰청에서는 수사부 소속 과학수사과장 또는 형사과 과학수사계장이 해당 지역의 과학수사를 총괄해요. 과학수사과장 혹은 계장 아래에는 과학수사관리계와 과학수사대로 나누어져 있고요. 과학수사관리계는 과학수사 관련 행정 업무와 지원을 담당하며, 과학수사대는 현장에 출동하여 실제 과학수사를 수행해요. 과학수사대는 다시 여러 개의 광역과학수사팀으로 구성되며, 각 팀은 해당 지역의 과학수사를 담당하죠. 예를 들어, 서울경찰청 소속 광역과학수사팀은 평균 스무

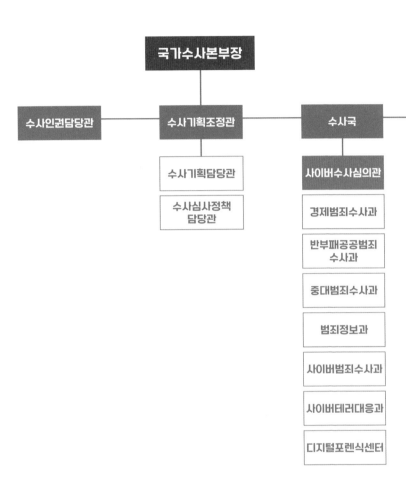

```
                        ┌─────────────────┐
                        │   국가수사본부장   │
                        └────────┬────────┘
                                 │
        ┌────────────────────────┼────────────────────────┐
┌───────────────┐      ┌─────────────────┐      ┌─────────────────┐
│  수사인권담당관  │      │   수사기획조정관   │      │     수사국        │
└───────────────┘      └────────┬────────┘      └────────┬────────┘
                                │                         │
                       ┌────────────────┐        ┌─────────────────┐
                       │   수사기획담당관   │        │   사이버수사심의관   │
                       └────────────────┘        └─────────────────┘
                       ┌────────────────┐        ┌─────────────────┐
                       │   수사심사정책    │        │    경제범죄수사과   │
                       │     담당관       │        └─────────────────┘
                       └────────────────┘        ┌─────────────────┐
                                                  │   반부패공공범죄    │
                                                  │     수사과        │
                                                  └─────────────────┘
                                                  ┌─────────────────┐
                                                  │    중대범죄수사과   │
                                                  └─────────────────┘
                                                  ┌─────────────────┐
                                                  │    범죄정보과      │
                                                  └─────────────────┘
                                                  ┌─────────────────┐
                                                  │   사이버범죄수사과  │
                                                  └─────────────────┘
                                                  ┌─────────────────┐
                                                  │   사이버테러대응과  │
                                                  └─────────────────┘
                                                  ┌─────────────────┐
                                                  │   디지털포렌식센터  │
                                                  └─────────────────┘
```

▼ 국가수사본부 직제표

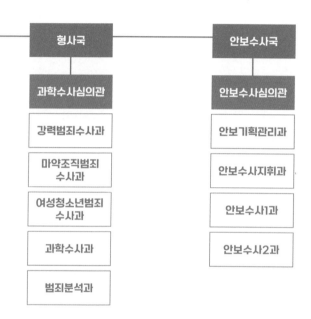

```
                    형사국                      안보수사국

                ┌─ 과학수사심의관             ┌─ 안보수사심의관
                │                             │
                ├─ 강력범죄수사과            ├─ 안보기획관리과
                │                             │
                ├─ 마약조직범죄             ├─ 안보수사지휘과
                │   수사과                    │
                ├─ 여성청소년범죄            ├─ 안보수사1과
                │   수사과                    │
                ├─ 과학수사과               └─ 안보수사2과
                │
                └─ 범죄분석과
```

수사부

수사과	형사과	사이버수사과	과학수사과
수사1계 수사2계 수사3계 수사심의계	강력계 폭력계	사이버범죄수사1대 사이버범죄수사2대 디지털포렌식계	과학수사관리계 과학수사대

범죄현장의 진실을 밝히는
KCSI 과학수사관

명, 경기남부청 소속 광역과학수사팀은 평균 열여섯 명 정도로 구성되어 있으며, 이들은 각종 사건 현장에 출동하여 지문 감식, 혈흔 분석 등 과학수사 업무를 수행해요.

슬럼프가 온 적이 있나요?

편 슬럼프가 온 적이 있나요? 어떤 과정으로 극복했나요?

문 제가 과학수사관으로 근무하면서 유일하게 슬럼프에 빠졌던 사건은 야산에서 발견된 백골 시신 사건이었어요. 당시 땅 위로 드러난 뼈를 발견했다는 신고를 받고 현장에 출동했어요. 뼈 전체를 온전히 발굴하기 위해, 발견된 뼈를 중심으로 주변 흙을 1미터 이상 파내는 작업을 진행했죠. 유골이 손상될 수 있기 때문에, 유골 주변의 흙을 붓과 작은 도구를 이용하여 조심스럽게 걷어내며 발굴 작업을 진행했어요. 여러 명이 교대로 몇 시간 동안 작업한 끝에 모든 뼈를 수습할 수 있었죠. 이후 부검 결과, 백골 시신의 사망 원인이 타살일 가능성이 높다는 소견을 받았어요.

즉시 수사본부가 설치되었고, 과학수사팀은 백골 시신 현장에서 지문, 의류, 소지품 등 어떠한 증거도 찾지 못했어요. 누군가 피해자를 살해 후 알몸 시신을 매장했다는 것이 유일한 단서였죠. 시신이 오랜 시간 땅에 묻혀 있었기 때문에 주변 CCTV 영상에서도 유용한 단서를 찾을 수 없었고요. 수사본부 회의 결과, 유일한 단서는 오직 시신을 파헤칠 때 나온 '흙'이라는 결론에 도달했어요. 우리는 1톤 트럭 한 대 분량의 흙을 수거하여 망사 채반에 일일이 털어내며 정밀하게 분석하는 작업을 진행했어요. 마치 밀가루를 체에 치듯이 흙 속에 숨겨진 작은 증거를 찾기 위해 노력했지만, 안타깝게도 의미 있는 증거는 발견하지 못했어요. 열 명이 넘는 과학수사관들이 하루 종일 고된 작업을 이어갔지만, 수사는 난항을 겪었죠.

그러나 포기할 수 없다는 의견이 많아 흙을 체에 거르는 작업을 계속 이어갔어요. 수일이 지나면서 모두 극심한 피로감에 시달렸고, 의욕은 점점 떨어졌어요. 피해자가 알몸이었다면 애초에 흙 속에 증거가 없었을지도 모른다는 생각이 머릿속을 맴돌면서, 우리는 무표정하게 하루 종일 흙만 털어내는 단순노동을 반복했어요. 끝이 보이지 않는 지루한 작업 속에서도 아무도 "이제 그만하자"라고 말할 수 없었죠.

지금 생각해도 참 이상할 정도로 증거를 찾을 희망이 없다는 생각에 사로잡혀 있었지만, 다들 최선을 다하고 있었어요. 그리고 일주일 이상이 지난 어느 날, 작은 흙뭉치 속에서 작고 특별한 증거물 한 개를 발견했죠. 피해자의 개인정보 보호를 위해 증거물의 명칭은 직접 말할 수 없지만, 수사본부의 수사팀도 여러 가지 가능성을 염두에 두고 방대한 양의 자료를 축적한 상태라 저희가 발견한 특별한 증거와 매칭하여 변사자의 인적 사항을 극적으로 찾아냈어요. 그리고 결국 이 살인 사건의 범인과 그 일당을 검거했죠. 지금 생각해 보면, 이 사건은 저를 포함해 과학수사관 동료들이 가장 힘들었던 사건으로 기억해요.

인간에 대한 회의를 느낀 적이 없나요?

편 인간에 대한 회의를 느낀 적이 없나요?

문 저는 가족 간 범행 현장을 감식할 때마다 인간에 대한 회의감을 가장 많이 느껴요. 가족은 조건 없는 사랑을 바탕으로 서로를 깊이 신뢰하는 관계라고 생각했는데, 부모와 자식, 부부 사이에서 벌어지는 끔찍한 범죄 현장을 접할 때마다 '어떻게 인간이 자기 가족에게 이런 짓을 할 수 있을까?'라는 의문이 끊이지 않았죠. 특히, 제가 겪었던 사건 중 가장 회의를 느낀 사건은 사업에 실패한 남자가 자기 가족을 살해하고 스스로 목숨을 끊은 사건이었어요. 그는 가족의 경제적인 어려움을 걱정하여 이러한 극단적인 선택을 한 것으로 보였어요.

치안 강국 대한민국

우리나라의 치안 수준은 어떤가요?

편 우리나라의 치안 수준은 어떤가요?

문 외국 여행을 해본 사람이라면 많은 나라의 치안이 불안하다는 것을 알 수 있어요. 경제적으로 부유한 미국조차도 대부분의 도시에서 밤에 혼자 거리를 다니기 어려울 정도로 치안이 좋지 않고, 프랑스를 비롯한 유럽 여러 나라에서는 낮에도 강도나 소매치기를 당하는 일이 빈번하게 발생하죠. 아프리카, 동남아, 중남미 등의 국가들은 총기 강도 사건이 잦아 음식점

▲ 외국의 식료품점 앞에 무장한 경비원

▲ 외국의 현금 수송용 장갑 차량

이나 상점 앞에서 무장한 사설 경비원을 쉽게 볼 수 있고, 은행 현금 수송 차량은 방탄 차량을 이용하는 경우가 많고요.

　따라서 한국을 찾는 외국 관광객들은 우리나라의 높은 수준의 치안에 놀라곤 해요. 여성 혼자서도 밤길을 안심하고 걸을 수 있고, 길에 가방이나 휴대폰을 놓아두어도 그 자리에 그대로 있거나, 물건을 발견한 시민들이 경찰에 신고하는 등 시민 의식이 높죠. 또한, 액수에 상관없이 도난 신고가 접수되면 경찰이 신속하고 친절하게 현장에 출동하여 사건을 해결하기 위해 노력하고요. 강력 범죄 발생률이 매우 낮은 대한민국은 이미 명실상부한 치안 강국이라고 할 수 있어요.

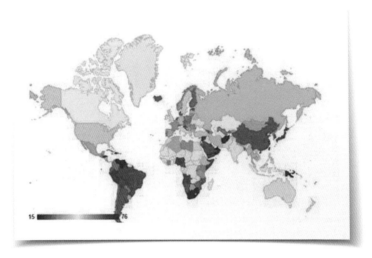

▲ 국가별 범죄 발생 지수 지도

치안 강국으로 위상이
높아진 계기가 있나요?

📖 치안 강국으로 위상이 높아진 계기가 있나요?

📖 2006년 7월 23일, 서울 서초구 서래마을에서 발생한 영아 유기 사건은 한국 과학수사의 우수성을 세계에 알리는 계기가 되었어요. 서래마을에 거주하던 프랑스인 부부의 집 냉장고에서 영아 시신 두 구가 발견되었고, 한국 경찰의 면밀한 현장 감식과 국립과학수사연구원의 정밀한 유전자 분석 결과, 두 영아가 부모가 같은 형제임이 밝혀졌죠. 이에 따라 경찰은 프랑스 부부를 유력한 용의자로 지목하고 프랑스 사법 당국에 통보했어요.

하지만 프랑스 당국은 한국의 과학수사 결과에 의문을 제기하며, 영아 시신에 대한 추가적인 유전자 감식을 실시했어요. 그 결과, 프랑스 역시 한국과 동일한 결과를 얻었고, 해당 영아를 출산한 프랑스 여성을 유기 혐의로 체포했어요. 이 사건은 전 세계 언론에 크게 보도되면서 한국 과학수사의 우수성을 입증하는 계기가 되었고, 개발도상국으로 인식되던 대한민국의 경찰 과학수사 수준에 대한 국제적인 평가가 크게 상승했죠.

▼ 영아가 유기된 냉장고

▲ 검거된 프랑스인 부부 인터뷰

경찰 영사는 어떤 제도인가요?

편 경찰 영사는 어떤 제도인가요?

문 영사는 세계 각국 대사관에 파견되어 외교부 장관과 대사 · 공사의 지시를 받아 자국의 무역, 통상 이익을 도모하고 주재국에 있는 자국민을 보호하는 임무를 수행하는 공무원이에요. 경찰, 국방부 등 다양한 부처의 공무원이 외교부를 통해 파견될 수 있으며, 이 중 경찰 해외주재관은 외국 대사관에서 영사 업무를 수행하는 경찰공무원을 말해요. 경찰 해외주재관은 파견 국가에서 수사권은 없지만, 다른 부처 영사보다 재외국민 보호와 국제 범죄 관련 업무에서 현지 경찰과의 협력이 용이하다는 장점이 있죠. 이러한 장점 때문에 경찰 해외주재관 파견 국가는 점차 증가하고 있어요.

외국에서 범죄를 당하면
어떻게 대처해야 하나요?

🔵편 외국에서 범죄를 당하면 어떻게 대처해야 하나요?

🔵문 기본적으로 외국에서 범죄를 당하면 먼저 해당 국가의 경찰에 신고해야 해요. 국가마다 치안 시스템이 다르기 때문에, 우리나라 대사관 직원은 파견 국가에서 수사권을 행사할 수 없거든요. 반대로, 우리나라를 방문한 외국인이 범죄 피해를 봤다면 우리나라 경찰에 신고해야 해요. 한국 경찰은 외국인에게도 한국인과 동일한 수사를 진행하며, 부당한 대우를 할 수 없어요. 다만, 치안이 불안한 국가에서 우리 국민이 살인, 납치, 강도 등 중대한 범죄의 피해를 본 경우에는 외교부와 인터폴을 통해 해당 국가에 강력하게 항의하고 수사를 촉구할 수 있어요.

치안 강국으로서 외국에서 기술 교육도 하나요?

편 치안 강국으로서 외국에서 교육도 하나요?

문 저는 처음에 중남미 개발도상국인 과테말라로 파견되었어요. 강의 시작 전, 과테말라 경찰관들이 "선진국에서 와주셔서 감사합니다."라고 얘기하는데, 처음에는 인사치레인 줄 알았어요. 하지만 시간이 지나면서 그들이 진심으로 그렇게 생각하고 있음을 알게 되었죠. 2주 동안 과테말라 경찰관들에게 감식 기법 전반을 강의했어요.

반응이 좋아서 다른 나라에 기술 지원을 하는 일이 큰 의미가 있다는 것을 새삼 깨달았어요. 이후 코이카에서 과테말라 경찰학교 건축 프로젝트에 참여하여 과학수사 실습장을 디자인하게 되었는데요. 과테말라는 치안이 매우 열악하여 총기 소지가 일상화된 나라였어요. 이 프로젝트를 통해 과테말라의 치안 발전에 기여할 수 있다는 사실에 큰 보람을 느꼈죠.

이어서 아랍에미리트를 방문했는데요. 부유한 국가답게 모든 것이 풍족했고, 영국과 프랑스 등 다른 선진국에서도 이미 교육 프로그램을 진행한 경험이 있더라고요. 강의를 진행하면서 현지 경찰관들의 열정적인 참여를 느낄 수 있었는데, 그들은 다른 나라 강사들이 자국 장비 판매를 목적으로 강의를 한

▼ 치안 전문가로 필리핀 과학수사관 파견 교육

범죄현장의 진실을 밝히는
KCSI 과학수사관

▼ 치안 전문가로 아랍에미리트 파견 강의

범죄현장의 진실을 밝히는
KCSI 과학수사관

▲ 치안 전문가로 과테말라 파견 강의

다고 이야기하더군요. 하지만 저는 순수하게 지식과 경험을 공유하고 싶었고, 그 진정성이 전달된 것 같아 기뻤죠. 당시 만났던 경찰관들과 지속적인 교류를 이어가면서 아랍에미리트 경찰청으로부터 네 차례나 추가 강의 요청을 받았어요.

이어서 동남아시아 국가인 필리핀으로 파견되었어요. 첫 파견 당시에는 빈민가에서 선교 활동을 하던 한인 선교사 살인 사건이 발생하여 저를 포함한 과학수사관 세 명이 긴급 파견

되었죠. 이는 한국 과학수사관이 현지 경찰과 공조하여 범인을 검거한 첫 사례로 기록되었고, 이후 필리핀 과학수사 교육으로 이어졌어요. 필리핀 전국의 과학수사관들을 대상으로 마닐라와 세부에서 두 차례에 걸쳐 강의를 진행했어요.

경찰청에서 현장 감식 세트까지 지원해 줘서, 현장에서 직접 장비를 활용하며 강의를 진행할 수 있었어요. 필리핀 경찰들에게 많은 도움이 되었던 것 같아요. 치안 전문가 파견 강의뿐만 아니라, 러시아, 영국, 독일, 프랑스, 스위스, 싱가포르, 말레이시아, 인도네시아, 일본 등 다양한 국가의 학회, 세미나, 회의에 참석하며 국제 교류 활동도 활발히 펼쳤어요. 앞으로 새로 임용되는 과학수사관들은 외국어 능력을 갖춘다면 더 많은 해외 파견 기회를 얻을 수 있을 것으로 기대해요.

해외에 파견되어 해결한 사건이 궁금해요.

편 해외에 파견되어 해결한 사건이 궁금해요.

문 앞서 질문에서 언급된 필리핀 한인 선교사 살인 사건에 대해 좀 더 자세히 설명할게요. 필리핀 빈민가에서 선교 활동을 하던 한인 선교사 살인 사건이 발생하자, 경찰청은 긴급히 과학수사관을 파견했어요. 저를 포함한 세 명의 수사관이 다섯 시간 만에 현지로 출국했고, 곧바로 사건 현장 감식에 착수했지만, 결정적인 증거를 찾지 못했죠. 주변 CCTV를 확보하려

▲ 용의자를 복원해 낸 CCTV 화면

▶ 검거된 용의자가 착용한 셔츠

했지만, 현지 주민들은 보복을 두려워해 협조를 꺼렸어요. 현지 경찰관은 빈민가의 위험성을 강조하며, 총기 소지 없이는 탐문 수사 자체가 어렵다고 말했고요. 하지만 운 좋게도 한국인을 좋아하는 식당 주인의 도움으로 CCTV를 확보하고, 하루종일 분석한 끝에 피 묻은 옷을 입은 범인의 모습을 포착했어요. 다만 화질이 좋지 않아 얼굴 식별이 어려웠지만, 한국에서 가져온 CCTV 복원 시스템을 활용하여 범인의 특징을 파악하고, 필리핀 경찰과 함께 범인을 검거할 수 있었어요.

결국, 필리핀 경찰은 피해자의 집에서 불과 250m 떨어진 곳에 거주하던 용의자를 검거하고, 그의 친구 집에서 피해자의 노트북 가방과 USB 등을 발견했어요. 증거품을 제시하자 용의자는 "술에 취해 피해자의 집에 들어가 잠을 자고 있었는데, 피해자가 소리를 지르는 바람에 놀라 살해했다."라고 자백했죠. 이 사건은 한국 경찰 과학수사관이 해외에 파견되어 현지 경찰과 공조하여 범인을 검거한 첫 사례예요.

안전한 사회를 위해
바라는 점이 있나요?

편 안전한 사회를 위해 바라는 점이 있나요?

문 안전한 사회는 모든 사람이 누려야 할 기본적인 권리예요. 과학수사관으로서, 저는 사회 안전망이 체계적으로 구축되고 제도화되어야 안전한 사회를 만들 수 있다고 생각해요. 우리 모두는 범죄 없는 사회를 꿈꾸지만, 현실적으로 범죄를 완전히 없애는 것은 불가능하죠. 따라서 범죄 발생 시 피해를 최소화하고 신속하게 대응할 수 있는 체계적인 사회 안전망 구축이 중요해요. 이를 위해 국가의 적극적인 역할이 요구되지만,

동시에 개인의 안전 의식과 법규 준수가 더해져야 비로소 안전한 사회를 만들 수 있다고 생각해요.

사회 안전망은 질병, 실업, 산업재해뿐만 아니라 범죄와 같은 사회적 위험으로부터 모든 국민을 보호하는 제도예요. 따라서 국가는 사회 안전망 구축을 위해 적극적으로 노력해야 하며, 이는 치안 관련 제도 또한 포함해요. 예를 들어, 신도시 설계나 재개발 시 경찰서와 소방서의 위치를 선정할 때 범죄 발생 가능성이 높은 지역을 미리 고려한 도시 계획을 수립해야 해요. 이러한 사전 예방을 통해 범죄 발생률을 낮추고, 사건 발생 시 신속한 출동으로 피해를 최소화할 수 있어요.

우리나라에서 이 직업은
어떻게 발전할까요?

[편] 우리나라에서 이 직업은 어떻게 발전할까요?

[문] 과학수사는 더욱 세분되고 다양한 학문적 기반을 요구하는 전문 분야로 발전하고 있어요. 하지만 모든 과학 분야를 수사에 적용하기 위해서는 방대한 인력과 장비가 필요하며, 국가가 모든 분야의 과학수사를 담당하기에는 한계가 있어요. 신속하고 효율적인 수사를 위해서는 유연한 시스템이 필요하죠. 영국을 비롯한 많은 국가에서는 과학수사관 교육을 대학이나 민간 교육기관에 위탁하고, 국가는 이러한 기관에 예산을 지원하여 재교육을 지원하는 방식을 채택하고 있어요.

과학수사 분야는 국가와 민간의 협력을 통해 더욱 빠르게 발전할 수 있어요. 미국처럼 소송이 활발한 국가에서는 민간 연구소, 전문가, 학회 등이 활성화되어 과학수사 발전에 기여하고 있죠. 우리나라 역시 국가공무원 과학수사관뿐만 아니라 대학, 학회, 민간 연구소가 균형을 이루며 경쟁하고 협력하는 체계로 발전하고 있고요. 이러한 변화는 민간 과학수사 분야의 성장을 끌어낼 거예요. 한편, 현금 사용이 줄어들면서 강도, 살인, 절도와 같은 범죄는 감소하는 대신, 보이스피싱과 같은 지능형 범죄가 증가하는 추세예요. 이에 따라 과학수사 기법 또한 디지털 증거 분석 등 지능형 범죄에 대응할 수 있도록 발전해야 할 거예요.

과학수사관
문용수 스토리

학창 시절에는
어떤 학생이었나요?

문 저는 중 · 고등학교 시절 공부를 했던 기억이 거의 없어요. 내성적인 성격 탓에 가장 친한 친구 두 명과 매일 함께 다니며 즐겁게 지낸 기억만 남아 있죠. 솔직히 말해 중학교 때는 중위권 정도의 성적이었지만, 고등학교 때는 최하위권을 벗어나지 못할 정도로 공부와는 거리가 먼 학생이었어요. 고등학교 내신 등급이 1등급부터 15등급까지 있었는데, 제가 15등급으로 졸업했으니 짐작하리라 생각해요. 다만, 고등학생 때 받은 적성검사에서 장래 희망 직업으로 군인이나 경찰이 맞는다는 결과가 나왔지만, 당시에는 마음에 들지 않았어요. 그런데 아이러니하게도, 지금은 경찰 과학수사관으로 퇴직을 앞두고 있네요.

경찰공무원으로 임용되어 과학수사 업무를 맡게 되었지만, 업무에 필요한 과학 지식이 턱없이 부족함을 느껴 대학원 진학을 결심했어요. 전공과목이 너무나 어려워 중 · 고등학교 수학 교재를 다시 공부했던 기억도 나네요. 그때 '중 · 고등학교 시절 게을리했던 공부의 빚을 이제야 갚는구나!' 하는 생각이 들었죠. 가장 치열하게 공부했던 시간이었고, 그 노력 끝에 두

번의 대학원 과정을 성공적으로 마치고 석·박사 학위를 취득
할 수 있었어요. 개천에서 용 났다는 말이 제 경우를 두고 하
는 말 같아요. 비록 어려운 환경에서 시작했지만, 뒤늦게라도
정신을 차리고 노력한 덕분이죠.

과학수사관으로 진로를 정하게 된 계기는 무엇인가요?

문 저는 과학수사 분야 경력 경쟁시험이 아닌 경찰공무원 공개경쟁 시험에 합격하여 파출소에서 근무를 시작했어요. 처음 파출소에서 정복을 입고 지역 순찰 업무를 맡았을 때는 적성에 맞지 않아 어떻게든 다른 부서로 옮기고 싶었어요. 그래서 파출소를 벗어나고자 경찰서에 새로 생긴 감식반에 지원했고요. 감식 업무는 처음부터 정말 흥미로웠어요. 파출소 근무 시절에는 출근하기 싫어 근무 시작 10분 전에 겨우 도착하곤 했지만, 감식반에 배치된 이후로는 적어도 한두 시간 전에 출근하여 청소하고 장비를 점검하는 등 근무 태도 자체가 완전히 달라졌죠. 물론 힘든 일도 있었지만, 당시에는 "오늘 근무에서는 어떤 과학수사 기법을 연습할까?" 하고 기대할 정도로 즐거웠어요. 이러한 마음이 지금까지 이어지는 것을 보면, 과학수사관은 저의 천직인 듯해요. 제가 근무하던 감식반이 사회 분위기 변화에 맞추어 과학수사대로 바뀌었고, 대한민국에 과학수사의 전성기가 도래하면서 누구나 가장 근무하고 싶은 최고의 부서로 발전했어요.

▲ 신임 과학수사관 문용수

가족들은 적극 지지해 주나요?

🔵문 제 아내와 세 딸은 늘 제 직업을 적극적으로 지지해 주고, 항상 자랑스럽게 여겨주죠. 하지만 세 딸이 유치원과 초등학교, 중·고등학교를 다니던 어린 시절에는 바쁜 업무 탓에 가족과 많은 시간을 함께 보내지 못했어요. 어느덧 어엿한 어른으로 성장한 딸들을 보면 아쉬움이 남아요. 재미있는 일화가 하나 있는데요, 딸들이 어린이집에 다닐 때 저는 과학수사계에서 화재 감식 업무를 맡고 있었어요. 화재 현장을 누비다 보니 매일 얼굴은 검댕으로 뒤덮여 있었고 손톱에는 검은 그을음이 잔뜩 끼어 퇴근하는 것이 일상이었죠. 그래서인지 누가 딸들에게 아빠가 무슨 일을 하시냐고 물으면 "소방서에서 불 끄는 소방관"이라고 대답하곤 했다더군요. 물론 지금은 아빠가 경찰 과학수사관이라는 것을 잘 알고 있지만요.

인생에서 가장 힘들었던 적은 언제예요?

문 저는 경찰청 과학수사관으로 근무하면서도 과학수사 분야의 학업을 계속 이어가고 싶었어요. 40대 초반, 늦깎이로 박사 과정을 시작했지만 1년 정도 지나자, 업무와 학업을 병행하는 것이 불가능하다고 판단했죠. 그래서 중앙경찰학교 형사학과 과학수사 담당 교수직에 지원하여 자리를 옮기게 되었어요. 중앙경찰학교는 교육기관으로서 연구실, 실습실, 도서관 등 논문 연구에 필요한 최적의 환경을 갖추고 있었기 때문이에요. 하지만 중앙경찰학교 교수 시절에는 한 달에 단 하루 정도밖에 집에 갈 수 없었어요. 가족과 자주 만나지 못했던 그때가 제 인생에서 가장 힘든 시기였죠. 그 후 4년 6개월 만에 박사 학위를 취득하였고, 이듬해 경기남부경찰청에 지원하여 다시 과학수사팀에 합류하게 되었어요. 지금 돌이켜보면 중앙경찰학교에서 근무했던 시간이 제 인생에서 가장 외롭고 고된 시기였던 것 같아요.

인생에서 가장 행복했던
기억이 언제예요?

문 지금까지 근무하며 굴곡도 많았지만, 지금도 현역 과학수사관으로 일하고 있다는 사실 자체가 큰 행복이에요. 모든 직장인에게 가장 행복한 순간은 승진이 아닐까요? 저 역시 순경으로 입문하여 과학수사 분야에 헌신한 공로를 인정받아 경장, 경사, 경위, 경감까지 네 차례의 특별 승진을 했어요. 돌이켜보면 특별 승진의 순간들이 가장 행복한 기억으로 남아 있어요. 경장으로 승진했을 때는 단기간에 20~30건의 성폭력 사건에서 지문 감식을 통해 용의자를 특정하는 데 기여한 공을 인정받았어요. 경사와 경위 승진은 제가 오랫동안 수행해 온 화재 감식 업무와 관련 있는데요, 경장과 경사 시절, 사단법인 한국화재조사학회를 창설하여 경찰의 화재 감식 발전에 이바지한 공로를 인정받아 경사로 승진했고, 2년 후에는 과학수사 대상을 수상하며 경위로 승진하는 영예를 안았죠. 이후에는 해외 파견 강의와 과학수사 관련 특허 출원 등의 공적을 인정받아 경감으로 특별 승진했어요.

학회를 만든 과정이 궁금해요.

(문) 국립과학수사연구원 파견 근무를 마치고 과학수사계에서 화재 감식 담당자로 일할 때, 저는 경찰의 화재 감식을 넘어 국내 화재 감식 분야 전체에 큰 변화를 일으키고 싶었어요. 당시에는 경찰 과학수사 업무와 관련된 학회가 전무한 상황이었거든요. 2001년 4월 1일, 전국 각지에서 과학수사 화재 감식 담당자 열두 명이 모여 회의를 진행했는데, 저는 이 자리에서 학회 설립을 제안했어요. 참석자 모두 학회 결성에 적극 동의했고, 그 자리에서 열두 명의 투표를 통해 제가 초대 학회장으로 선출되면서 한국화재조사학회가 공식적으로 출범하게 되었어요. 이후 우리는 각자의 업무를 병행하면서도 틈틈이 시간을 내어 학회의 기틀을 다져나갔죠. 공식 홈페이지(www.kififire.kr)를 개설하고 학회지를 발간하는 것은 물론, 세 차례의 학술 세미나를 개최하는 성과를 거두기도 했어요.

대학교수, 소방 기관의 화재조사관, 학생 등 많은 사람이 학회에 합류하면서 학회 활동은 더욱 활발해졌고, 이러한 활동은 자연스럽게 경찰청에도 알려지게 되었어요. 경찰청에서는 경찰 과학수사관들이 주도하여 설립한 학회의 활동이 과학수사 학술 발전에 크게 기여할 수 있다고 판단하고, 학회에 필요

한 지원을 제공하고자 했어요. 이에 저를 포함한 학회 임원진
은 논의를 거쳐 경찰청의 일회성 예산 지원보다는 학회가 비
영리 법인으로서 지속적으로 운영될 수 있도록 사단법인 설립
허가를 요청하기로 했죠. 그 결과, 2002년 4월 20일, 경찰청 제
1호 허가를 받아 사단법인 한국화재조사학회로 정식 출범하
게 되었어요. 현재 우리 학회는 국내 과학수사 분야에서 가장
오랜 역사와 권위를 자랑하는 학회로 성장했으며, 그동안 발
표된 수많은 화재 감식 관련 논문들은 국내 화재 감식 분야의
발전을 선도하는 데 크게 기여했어요.

▲ 사단법인 한국화재조사학회 홈페이지

석사, 박사 학위를 취득한 이유가 있나요?

편 석사, 박사 학위를 취득한 이유가 있나요?

문 거창한 변화를 기대하고 학업에 매진했던 것은 아니에요. 다만, 제가 하는 일에 분명히 도움이 될 것으로 생각했어요. 학위의 효용성을 실감하는 순간은 바로 법정에 섰을 때예요. 과학수사관은 현장 감식과 관련하여 법정에서 증언할 기회가 종종 있거든요. 특히 저는 화재 감식과 관련하여 법원의 현장 조사관으로서 증언하곤 하는데요, 제가 학업에 들인 시간 덕분에 제 증언은 더욱 높은 신뢰도를 얻게 되죠. 상대측 변호사는 항상 제 학력과 관련한 사항을 꼭 확인하거든요. 제가 감식한 사건의 건수는 얼마나 되는지, 어떤 전문 과정을 이수했는지, 어떤 학위를 가졌는지 등을 법정에서 질문하죠. 제 감식 경험과 함께 학위를 언급하면 증언의 공신이 더욱 높아지는 것을 체감해요. 이처럼 법정에서 증언할 때 제 학위는 큰 도움이 돼요.

연구 논문의 주제는 뭐였나요?

🔵 제 박사 학위 논문은 「유출 혈액의 수분량 변화에 근거한 사후 경과 시간 추정 기법에 관한 연구」라는 다소 긴 제목의 논문이에요. 쉽게 설명하자면, 살인 사건 현장에서 피해자의 사망 추정 시간을 계산하기 위해 체온 측정, 근육 경직, 시반 상태, 동공 이완 등 다양한 정보를 수집하여 사망 시각을 추정해요. 하지만 이렇게 추정한 사망 시각을 이후 관계자 진술이나 범행 장면이 명확히 포착된 CCTV 영상과 대조해 보면, 기존의 방법으로 계산된 사망 추정 시간이 실제와 어긋나는 경우가 종종 있었어요.

그래서 저는 박사 학위 논문을 통해 정확한 사망 시각을 추정하기 위한 가설을 세웠어요. 만약 칼과 같은 흉기로 피해자를 살해했을 경우 혈액이 유출될 것이고, 혈액 대부분은 수분으로 이루어져 시간당 일정한 비율로 증발한다는 점에 착안하여, 혈액의 무게 변화를 측정할 수 있다면 범죄 현장 바닥 등에서 발견된 혈흔의 수분량을 측정하여 혈액이 유출되기 시작한 시점, 즉 최초 유출 시각을 역으로 계산해 낼 수 있다는 가설을 설정하고 실험 연구를 진행했죠. 수백 회에 걸친 반복 실험을 통해 유의미한 계산식을 도출해 냈고, 이를 프로그램으로 구현했으며, 이 기법에 대한 특허 등록까지 완료했어요.

제가 과학수사와 관련하여 주 저자 또는 공동 연구자로 참여한 논문들을 소개해 드릴게요.

- 「제조물책임법 시행에 따른 화재조사 제도 개선 방안에 대한 연구」
- 「잠재 지문 현출 관련 시아노아크릴레이트 백화현상 개선 기법에 대한 연구」
- 「감전 변사 사건 조사 방법에 대한 연구」
- 「유리 파단면의 화재 감식에 관한 실험적 연구」
- 「전기다리미의 발화 원인 판정에 관한 현상학적 고찰」
- 「전기화재에 의한 전선의 용융흔과 단락흔의 특이점 식별에 관한 연구」
- 「경찰 화재 감식의 목적과 한계」
- 「국내 방사능 테러 시 경찰 초동 대응에 관한 연구」
- 「국내 사제 폭발물 사례 연구」
- 「화재조사 기초 이론」
- 「심야용 축열식 전기 온풍기 화재 위험성 관련 추가 사례 검토」

- 「화재 사례를 통한 안전장치 없는 시즈히터의 화재 위험성 연구」
- 「낙뢰에 의한 지중선로 화재 사례 분석」
- 「오인될 수 있는 방화 흔적의 연소 특성에 관한 연구」
- 「양초의 연소시간 측정에 관한 실험적 연구」
- 「함부로 방치한 9V 알카라인 배터리(6LR61)의 화재 위험성 연구」
- 「소손된 배선용 차단기 동작상태에 의한 전기화재 규명의 신뢰성에 관한 연구」
- 「효과적인 산불 진화와 대처방안」
- 「성형 온도퓨즈 감정기법에 대한 연구」
- 「유출 혈액의 수분량 변화에 의한 사후 경과 시간 예측 방법 특허 등록」
- 「지문 현출 방법 특허 등록」
- 「사건 발생 시각 예측 방법 특허 등록」
- 「일회용 증거물 표식표 실용신안 등록」

위 논문과 특허 내용에 대해 더 자세히 알고 싶다면, 인터넷에서 해당 제목을 검색해 보면 간략한 요약 내용을 확인할 수 있어요.

인생의 멘토는 누구인가요?

🗨 2000년 10월, 경찰청의 화재 감식 전문화 교육 과정의 일환으로 국립과학수사연구원 화재연구실에 3개월간 파견 교육을 받게 되었고, 그때 김진표 연구관을 처음 뵙게 되었어요. 지금 돌이켜보면 정말 말도 안 되는 질문들을 많이 던졌던 기억이 나요. "불은 왜 위로만 타오르나요?"라는 질문을 시작으로, "교류 전기는 왜 양방향으로 흐르나요?", "계산식에는 왜 π(파이)가 등장하나요?" 등등 수많은 질문을 쏟아냈는데, 마치 초등학생을 가르치듯 쉽고 재미있게 설명해 주셨어요. 그분 덕분에 저는 과학의 매력에 흠뻑 빠지게 되었고, 마치 폭풍처럼 학구열이 불타올랐죠. 그분은, 제가 학업을 더 심화시키고자 대학원 진학을 결심하게 된 결정적인 계기를 마련해 주신 분이에요. 지금까지도 현장에서 발생하는 모든 의문점을 여쭙고 함께 고민하며 해결 방안에 대한 조언을 구하는 스승이자 멘토죠. 당시에는 정말 순수한 호기심에서 비롯된 질문들이었지만, 그때 던졌던 근본적인 질문들이 지금 제 지식의 토대를 튼튼하게 다져주고 있어요.

이 직업은 내 인생에서
어떤 의미가 있나요?

🔵 과학수사관이라는 직업은 한 인간으로서 저를 성장시켜 주었고, 세상을 바라보는 시야를 넓혀주었어요. 대학 동기들을 만나보면 경제적으로 큰 성공을 거둔 친구도 있고, 불안정한 고용 환경 속에서 잦은 이직을 겪는 친구도 있어요. 하지만 저는 그들처럼 극적인 성공을 경험하지도, 이직에 대한 불안감을 느껴야 할 필요도 없이, 제 성격에 맞춰 묵묵히, 그리고 성실하게 노력할 수 있었어요. 솔직히 처음부터 국가와 민족에 헌신하겠다는 숭고한 뜻을 품고 이 직업을 선택한 것은 아니었어요. 그저 안정적인 국가공무원이라는 매력에 이끌려 경찰로 입문했고, 우연한 기회로 과학수사 분야에 발을 들였죠. 하지만 과학수사관으로 30년 넘게 근무하는 동안, 어느 순간부터 피해자와 유가족들에게 조금이나마 도움이 되고 싶다는 간절한 마음으로 업무에 임하게 되었고, 이제는 우리 사회가 더욱 안전하고 행복한 공동체가 되기를 진심으로 염원하는 한 사람으로 변화되었어요.

과학수사관 문용수의 꿈은
무엇인가요?

문 저는 정년퇴직 후, 민간 과학수사 분야가 활동할 수 있는 영역을 개척하고 싶어요. 더 나아가 우리나라의 우수한 과학수사 기술을 해외에 전파하는 일에도 기여하고 싶고요. 국가직 경찰공무원으로 30년간 재직하며 과학수사를 통해 범인을 검거하고, 안전사고나 화재의 원인을 규명하여 과실을 입증하고 처벌하는 업무를 수행해 왔어요. 하지만 만약 누군가 무고하게 처벌받는 상황이 발생했을 때, 개인이 국가 기관을 상대로 자신의 부당함을 과학적으로 입증할 수 있도록 지원하고 조언해 줄 전문가의 존재는 필요하다고 생각해요.

검사나 판사가 퇴직 후 변호사로 개업하여 개인을 대리해 소송을 진행하는 것은 사회적으로 비난받을 일이 아니며, 오히려 피해를 주장하는 의뢰인을 변호하는 법률 전문가로서 필수적인 역할이에요. 과학수사 전문가의 경우도 마찬가지예요. 변호사가 법률적인 절차를 대행하는 것 외에, 사건의 진실을 과학적으로 입증하기 위한 감정이나 재현 실험 등은 현실적으로 개인이 수행하기 매우 어렵죠. 따라서, 과학적 증거 입증을 위한 전문 감정 서비스는 사회적으로 당연히 필요한 영역이라고 생각해요.

미국, 영국 등 소송이 활발한 국가에서는 이미 다양한 분야의 민간 전문가들이 의뢰인의 입장에서 과학적 지원을 제공하고 있으며, 대형 법인뿐 아니라 개인 전문가로서 활동하는 이들도 많아요. 이는 재판 과정에서 어느 한쪽이 일방적으로 우월한 위치를 점하지 않고 공정한 재판이 이루어질 수 있도록 하기 위함이죠. 이러한 점을 고려할 때, 저는 퇴직 후 과학수사 분야의 민간 활동 활성화를 위해 다시 한번 노력하고자 해요.

또 다른 꿈은 제가 방문했던 여러 나라 중 치안 여건이 불안정한 곳들을 경험하면서 품게 되었어요. 이러한 국가들에 대한민국의 우수한 과학수사 기법을 장기적으로 전수하면 좋겠다고 생각하게 된 거죠. 개인적인 비용으로 해외 봉사 활동을 진행할 여건은 되지 않지만, 기회가 주어진다면 한국국제협력단 KOICA ●을 통해 '개발도상국 치안 지원 계획서'를 제안하여 개발도상국에 한국의 우수한 과학수사 기법을 전수하고자 계획하고 있어요. 이는 우리나라가 전쟁 직후 어려운 시기에 국제 사회의 원조를 받던 국가에서 이제는 세계적인 수준의 치안 역량을 갖추고 다른 나라를 도울 수 있게 되었다는 점에서, 마땅히 해야 할 일이라고 생각해요. 그렇기에 이 일은 제가 꼭 이루고 싶은 꿈이에요.

• 한국국제협력단은 1991년 설립 이후 다양한 국내외 개발 협력 및 봉사 활동을 통해 개발도상국의 빈곤 퇴치와 경제 · 사회 발전을 위한 개발 협력 사업을 수행하는 기관이에요. KOICA에 대한 자세한 정보는 KOICA 공식 홈페이지(https://koica.go.kr)에서 확인할 수 있어요.

나도
과학수사관

1. 나도 과학수사 지문감정관

  인간의 지문은 태아가 모체에 있을 때, 볼라 패드Volar Pads라고 불리는 손가락 피부 아래 중간 부위의 일시적인 융기隆起, 부풀어 오름로부터 형성돼요. 태아가 성장함에 따라 이 볼라 패드의 융기된 부분이 다시 줄어들면서 주름을 형성하는데, 이 주름이 바로 지문이에요. 이렇게 형성된 열 손가락의 지문은 사람마다 고유하며, 동일한 지문을 가진 사람은 없어요. 따라서 과학수사관은 범죄 현장에서 채취한 지문을 감정하여 개인의 신원을 확인하고, 이를 통해 이름, 주소, 주민등록번호 등의 정보를 파악할 수 있어요.

  지문은 다양한 무늬를 가지고 있지만, 일정한 패턴을 보이기 때문에 크게 세 가지 형태로 분류할 수 있어요. 지문은 궁상문, 제상문, 와상문으로 분류돼요. 궁상문은 지문의 무늬가 활을 옆으로 뉘어 놓은 모양과 유사하여 붙여진 이름이에요.

▲ 궁상문

제상문은 지문의 무늬가 말발굽 모양과 유사하여 붙여진 이름이에요.

▲ 제상문

와상문은 지문의 무늬가 소용돌이 모양, 즉 원형 또는 나선형을 이루고 있어 붙여진 이름이에요.

▲ 와상문

자, 여러분도 청소년 과학수사관이 되어 지문 감정관처럼 자신의 지문이나 친구의 지문을 채취하여 궁상문, 제상문, 와상문으로 분류해 보는 것은 어떨까요? 지금부터 지문 채취 실

청소년 과학수사 지문검색관 십지지문 양식				
엄지손가락	**집게손가락**	**가운뎃손가락**	**약지손가락**	**새끼손락**
궁상문. 제상문. 와상문	궁상문. 제상문. 와상문	궁상문. 제상문. 와상문	궁상문. 제상문. 와상문	궁상문. 제상문. 와상문
엄지손가락	**집게손가락**	**가운뎃손가락**	**약지손가락**	**새끼손락**
궁상문. 제상문. 와상문	궁상문. 제상문. 와상문	궁상문. 제상문. 와상문	궁상문. 제상문. 와상문	궁상문. 제상문. 와상문

(오른손 / 왼손)

습을 시작해 볼까요? 지문감정관이 되기 위해서는 먼저 스탠 드 조명, 돋보기, 넓은 투명 테이프, A4 용지, 연필을 준비해야 해요.

지문 채취 순서

1. 흰 종이 위에 연필로 좌우로 여러 번 진하게 칠합니다.

2. 손가락에 연필심 가루가 충분히 묻도록, 종이에 칠해진 부분을 손가락으로 굴리듯이 문지릅니다.

3. 투명 테이프의 접착면에 연필 가루가 묻은 손가락을 조심스럽게 눌러 지문을 찍습니다.

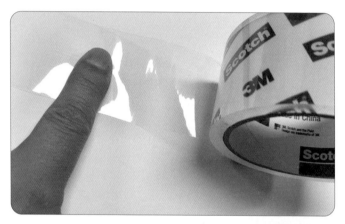

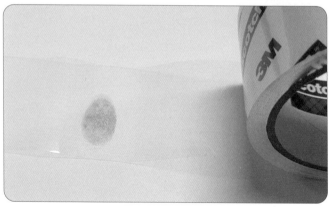

4. 지문이 찍힌 테이프를 준비된 '청소년 과학수사 지문검색관 십지지문' 양식의 각 손가락 칸에 하나씩 붙입니다. 이렇게 하면 선명한 지문을 관찰할 수 있습니다.

5. 같은 방법으로 열 손가락의 지문을 모두 채취하여 양식에 붙여 십지지문 양식을 완성합니다.

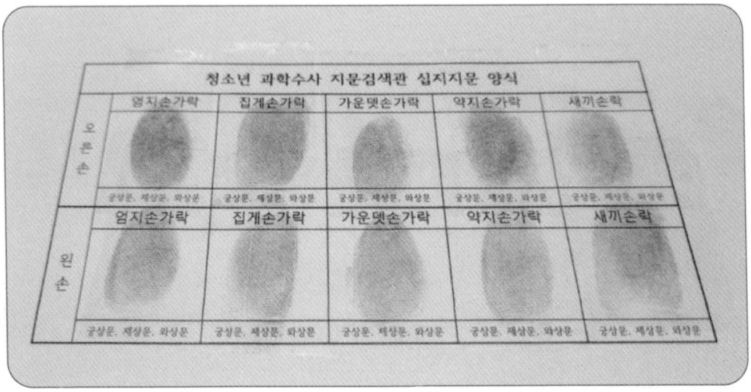

6. 돋보기를 사용하여 각 손가락의 지문을 관찰하고, 궁상문, 제상문, 와상문 중 해당하는 유형에 동그라미 표시를 합니다.

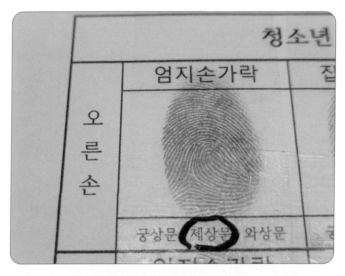

2. 나도 과학수사 족적감정관

경찰청은 1997년부터 족적 검색 시스템을 운영하고 있어요. 매년 새로 출시되는 신발들을 수집해 왔기 때문에 20년이 넘는 기간 동안 방대한 신발 데이터베이스를 구축하게 되었죠. 기존의 족적 검색 시스템은 사람이 직접 눈으로 족적을 일일이 확인하는 방식이었기 때문에, 모니터를 한두 시간만 집중해서 보더라도 눈의 피로가 심했어요. 족적 검색 시스템은 지속적인 발전을 거쳐 인공지능을 활용하여 신발을 검색하는 단계까지 진화했어요. 족적 감정에서 가장 중요한 것은 데이터의 질과 양이예요. 신속하고 정확한 자료가 수집되어야 수사 단서로 활용될 수 있죠.

만약 범죄 현장 주변에서 탐문 수사가 진행 중이라면, 과학수사관이 현장에서 채취한 족적을 신속하게 검색하여 수사관에게 신발의 색상이나 제조사(메이커) 정보를 즉시 제공할 경우, 수사관은 해당 신발을 착용한 용의자를 신속하게 검거하는 데 도움이 될 거예요. 신발은 제조 과정에서 업체가 바닥 무늬를 동일하게 찍어내죠. 하지만 같은 신발을 신더라도 사람마다 고유한 걸음걸이 때문에 신발 바닥의 마모 형태는 각기 다르게 나타나요. 따라서 범죄 현장에서 발견된 족적은 동일한 신발을 신은 여러 명의 용의자가 있더라도, 현장 족적과 용의자들의 족적을 일대일로 비교 감정하면 범인을 특정할 수 있어요.

자, 이제 여러분도 청소년 과학수사 족적감정관이 되었다고 생각하고, 아래 제시된 범죄 현장 족적과 네 명의 용의자 족적을 비교해 보세요!

● 범죄 현장 족적

● 1번 용의자 족적

2번 용의자 족적

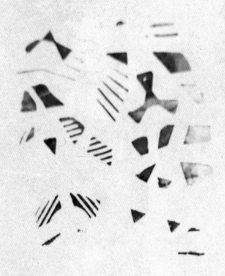

3번 용의자 족적

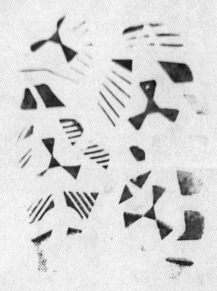

4번 용의자 족적

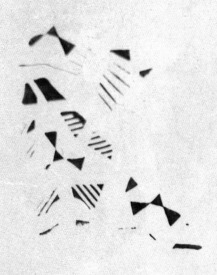

제시된 범죄 현장의 족적과 네 명의 용의자 족적은 모두 같은 제조사, 같은 모델의 신발에서 나온 것이라 매우 유사하여, 주의 깊게 살펴보지 않으면 차이점을 발견하기 어려워요. 신발 바닥 무늬를 꼼꼼히 확인해 보세요. 특히, 무늬가 있어야 할 부분에 마모되어 지워졌거나 아예 없는 부분이 있는지 집중적으로 살펴보면 용의자를 가려낼 수 있어요. 무늬 전체를 차근차근 대조하며 신중하게 용의자를 찾아보세요.

청소년들의 진로와 직업 탐색을 위한
잡프러포즈 시리즈 77

범 죄 현 장 의 진 실 을 밝 히 는
KCSI
과학수사관

2025년 3월 12일 초판1쇄

지은이 | 문용수
펴낸이 | 김민영
펴낸곳 | 토크쇼

편집인 | 김수진
교정·교열 | 박지영
표지디자인 | 이든디자인
본문디자인 | 문지현
마케팅 | 신성종
홍보 | 이예지

출판등록 | 2016년 7월 21일 제 2023-000173호
주소 | 서울시 마포구 월드컵북로98, 2층 202호
전화 | 070-4200-0327
팩스 | 070-7966-9327
전자우편 | myys327@gmail.com
ISBN | 979-11-94260-23-3(43190)
정가 | 15,000원